高品质沟通

化繁为简，乐在其中

杨 帆／著

COMMUNI-
CATION

電子工業出版社
Publishing House of Electronics Industry
北京·BEIJING

图书在版编目（CIP）数据

高品质沟通：化繁为简，乐在其中 / 杨帆著. —北京：电子工业出版社，2018.4
ISBN 978-7-121-33867-0

Ⅰ. ①高… Ⅱ. ①杨… Ⅲ. ①心理交往－通俗读物 Ⅳ. ①C912.11-49

中国版本图书馆 CIP 数据核字(2018)第 050433 号

策划编辑：晋　晶
责任编辑：袁桂春
印　　刷：北京虎彩文化传播有限公司
装　　订：北京虎彩文化传播有限公司
出版发行：电子工业出版社
　　　　　北京市海淀区万寿路 173 信箱　　邮编 100036
开　　本：720×1000　1/16　印张：15.5　字数：269 千字
版　　次：2018 年 4 月第 1 版
印　　次：2021 年 6 月第 8 次印刷
定　　价：58.00 元

凡所购买电子工业出版社图书有缺损问题，请向购买书店调换。若书店售缺，请与本社发行部联系，联系及邮购电话：（010）88254888，88258888。
质量投诉请发邮件至 zlts@phei.com.cn，盗版侵权举报请发邮件至 dbqq@phei.com.cn。
本书咨询联系方式：（010）88254199，sjb@phei.com.cn。

赞 誉

职场江湖，沟通为本；制胜之道，“5 个合适”：合适的时间、合适的地点、用合适的方式、说合适的话、做合适的事。如何在具体的职场情境下把握关键、拿捏分寸、恰到好处地实现良好的人际互动，杨帆老师做了很好的诠释。特此推荐这本书给大家，尤盼助力职场小白加速成长，早达梦想彼岸。

——中国领导力发展研究院执行院长　白三庆

有效沟通是每个职场人士的基本技能，而这恰恰是职场新人的最大短板，急需“补课”。杨帆老师的书籍可以说是应运而生，刚好给大家提供更多的方法和选择。书里的情境和工作中可能遇到的问题相契合，可以边读边反思，边读边实践，边读边提升。这是一本值得反复阅读的书。

——格诺威中国咨询创始合伙人、畅销书作家　段烨

“道可道，非常道”，就沟通来讲，能把事情讲清楚，就非常有“道”了。听杨帆老师讲沟通相当于进入了一个沟通道场，收获的是“道可道，非常好”。杨帆老师又把课程转化为书，变成可供更多人受益的文字，将为更多读者带来人生的转变。

——北京长维管理咨询公司总经理　康凯

在职场中，沟通能力毫无疑问是最重要的能力，没有之一。在杨帆老师的这本书中，看不到任何晦涩难懂的理论或高深的道理，而是结合正发生在我们身边的大量真实案例，用讲故事的方式，将一个个简单实用的沟通技巧娓娓道来，“容易懂，忘不掉”。尤其对于初入职场的新人，我相信这本书一定会让你终身受用。

——中国培训经理人俱乐部创始人、某公司人力资源总监　黄俊

很多人觉得主持人应该很会沟通，所以常有观众问我，该怎么和人沟通？这是个既简单又复杂的问题，简单是因为沟通几乎是人类与生俱来的能力，复杂是因为不同的身份、场景、立场而千变万化。如果再有人问我这个问题，我会推荐他好好读读杨帆老师的这本书，书中有很多场景你一定遇到过，作者没有说教，而是提供给你解决难题的方法，当然，更重要的是引发你的思考。合上这本书，我想你会若有所思地领会沟通的奥妙。

——著名电视节目主持人　曹琳琳

不论承认与否，人与人之间都存在一堵墙，我们中国人之间的墙体似乎更厚。因为我们的民族性格内敛、含蓄，凡事喜封闭以求自我保护。这与四通八达的现代社会极不适应，杨帆老师这本书意在打开一道道无形的墙，让人们心心相通、通向阳光、走向共赢，并因此共同快乐。

——著名作家、资深媒体人　关捷

杨帆老师这本书的精妙在于它首先出色地完成了与读者的沟通。通读全书，感觉很像塔罗牌布阵，十堂课，构成一个方阵，然后排列并细致解读，最终得出判断，还可以复盘。这的确是一本有趣的、具有可操作性的好书。

——资深媒体人、著名电视评论员　兰恩发

一个公认的事实是，有效的自我管理与沟通，是提高生命质量的重要途径。显然，杨帆老师的新书在这个领域里做出了重要的探索和总结。无论你身在职场多少年，都会在书中找到“自我管理”和“沟通”的应用之法，况且书中案例丰富、趣味盎然，当然值得一读！

——大学教师、著名电视节目主持人、评论员　杨子博

前言

最初萌生要写一本书的想法是在2016年4月4日，星期一，是清明节小长假的最后一天。

早晨的阳光透过高大的窗户洒进来，我在阳台上铺了蒲垫，摆了织布机做的茶席，沏了金骏眉，放着李健的歌，坐在那儿，一边慢慢地品茶，一边写完《多出来的人生》这篇文章。

茶席已经黑棕色，散发着岁月的淡淡光泽，一侧写着“林汝福制”，另一侧写着“疗财有造”。我不知道这两个人是谁，如果他们活着，我想他们应该有粗壮的手指和沧桑的脸。当年他们制造这台织布机的时候，也该是人生的壮年吧，有着青春的脸和使不完的力气。不知道经过多少岁月，这个物件辗转了多少人的手，最后到了我的手里。他们可能是千万普通劳动者中的一员，也许从未想过出书立传，从未想过自己会有些什么东西能和远方的人或后代的人发生联系。但是，他们留下的物件帮他们做到了。我想，我也该做点什么，让其他人、让后来人想起我的时候，有点可以寄托的物件。

写书的想法一直都有，但我始终都觉得自己没有准备好。写书这件事，必须是你有想表达的欲望，并且不表达就感觉憋得慌的时候，才是该写书的时候。到底有什么是非表达不可的？我想起我讲了几年的沟通课，沟通该是我最想和大家交流的吧！

沟通很容易，也很难。

首先，难在沟通无形。沟通就和水一样，说它有形，是因为被装在不同的容器里，可以方，可以圆，可以不规则。如果沟通总是被装在固定的容器里，这件事情就很好办，把容器的形状画给大家就好。遗憾的是，承载沟通的这个容器太过于复杂，于是对于沟通的描绘就变得难上加难。

其次，难在干扰太多。影响沟通的因素有很多，如人性、性格、对象、角色、情景、层级乃至于组织环境、企业文化、社会文化等都会对一个人的沟通产生影响，这就相当于讲授沟通的时候，你必须面对众多的不确定因素。如果有两个变量，我们可以对一个变量做假设，然后讲解另一个变量。但是，当你需要同时面对五个以上的变量的时候，要如何做出假设呢？要有多少种组合关系呢？学过排列组合的读者可以计算一下。如果我们把每个变量下沟通的变化都讲清楚，这堂课估计无法上完，学员也一定会被搞晕。

最后，难在沟通无定法。正因为沟通的无形和情景的复杂性，沟通是没有定式和定法的。这也就意味着沟通很难有工具或方法论，没有工具和方法论，学员就没有练习的抓手，就像你没有办法通过讲解就教会学员做一个桌子一样。但沟通和所有技能一样，必须亲自练习才能学会。遗憾的是，把沟通练习的工具讲清楚的书我见得不多。总是有学生说"老师你给我推荐几本书吧"，我常常推荐不出来。因为很多书读起来很有道理，写得也不错，就是没有办法把技巧移植到读者身上，变成读者的技能。于是，学生说"老师你写一本吧"。

好吧，我写一本，但一直没有动笔。

直到 2016 年 12 月 5 日，我为国家行政学院录制了网络课程——公务人员沟通技巧训练，总共六讲。目前全国的公务员都可以看到、学到，这等于又给了我一次契机，去完善课程，把思考落在笔下。

经过反复打磨，在 2017 年 11 月 14 日，冬日里一个洒满阳光的中午，书稿终于修改完成。

这是我的第一本书，它于我就像一个宝贝儿。我希望它漂亮、完美，但我知道一定会有遗憾，我的认知在前进，读者也在前进，只愿本书能带给读者反思，能帮助更多人。

本书是一本面向职场新人的书，但又不止于职场新人，所有对沟通有疑惑的读者都可以从中有所获益。为了便于大家阅读和练习，本书在写作过程中有意做了一些设计，使之与其他同类图书有所区别。

- **结合情境。**所有的沟通都发生在一定的情境之中，这也意味着人们只有在情境之中，才能更好地理解沟通知识，所以，书中有大量现实生活和工作中的情境，方便大家比照学习。
- **实用话术。**生活节奏越来越快，读者都想在最短的时间内找到自己想要的实用的技能，本书为大家归纳总结了大量的沟通话术，可以拿来就用，用了就有效。
- **适当练习。**沟通和所有的技能一样，不练不可能会，本书为大家准备了一些练习，帮助大家在学习之后自我反思、自我训练。
- **后续跟进。**学习是一个持续的过程，仅仅靠书本上的学习是不够的，我们后续会有配套的音频，希望可以实现更好的转化。

关于本书的阅读与使用，我们也有一些建议给读者。

- **对照。**《旧唐书·魏徵传》中说："夫以铜为镜，可以正衣冠；以史为镜，可以知兴替；以人为镜，可以明得失。"学习沟通也要有一面镜子，这本书就提供了一面镜子，你可以一边读，一边对照自己以往的言行。
- **反思。**反思能够帮助我们从生活中汲取营养，是人成长进步的最佳方法。读者可以在阅读的同时经常反思；也可以在运用了一些方法之后再进行反思。
- **观察。**学习沟通最好的地点是生活，所以观察生活也是学习沟通的有效途径。在我们阅读本书之后，可以运用书中的原理和方法来观察、体会生活，尤其体会别人沟通带给自己的感受，从而不断调整沟通策略。
- **练习。**沟通是训练，是从无意识到有意识再到无意识的过程。就像你打乒乓球，刚开始不会打，完全无意识，可能偶尔也会有擦边球之类的让你惊喜一下，但如果你想打出擦边球，则万难做到，因为你的意识控制不了你的手。这时候，就要进行有意识的训练，练到想打擦边球就可以打出来的境地。慢慢地，当你足够熟练的时候，你会发现打出擦边球已经几乎不用通过意识，甚至你的意识溜号了，而你的手依然能够打出好球，这就是从有意识又进入到无意识的状态。沟通的练习也是这样。很多学员学完沟通课的第一个反应是“老师，我不会说话了”。因为原来他说话是无意识的，按照自己多年的语言习惯在讲话。现在学了沟通，要进行有意识的练习，工具掌握得还不熟练，难免笨拙。练习到一定程度，慢慢地才会又进入无意识状态。因为通过练习，那些技能已经变成了他自己的一部分，替换了原有的技能。他已经不需要分辨，就可以熟练地运用新技能。所以，我们一再强调在读书的同时一定要实践，一定要练习。

- **回顾。**温故而知新。一本书读一遍只能了解到皮毛，要想把书中的技能变成自己的本事，需要不断反复的阅读、练习、实践、反思的过程，所以希望大家在遇到困难、遇到问题的时候，都能再拿出本书，反复阅读。

最后，感谢我的父母、爱人和孩子对我写作的大力支持。我的父母很少牵扯我的精力；我的爱人承担了大部分家务；我的儿子作为本书的第一读者，提出了很多具有建设性的意见。同时也要感谢我的学生们，在写作过程中，他们为我提供了大量精彩的案例。更要感谢我的好朋友们，在书的写作和出版过程中，他们给予了我大量无私的支持。

我当不懈努力，回报所有关心和爱护我的朋友们！

杨　帆

目录

第 1 堂

结构化，更省力

——汇报从整理思路开始

1.1 领导说我不汇报，其实我是不知道什么时候汇报

情境

小张是一家建筑安装企业的库管员，一直兢兢业业，工作也非常认真，领导对他的工作还算满意，不过最近却因为一件事情被领导批评了。

当时，施工现场来了很多大构件，这些大构件人力根本就抬不动，需要用吊车才能清点、办理入库手续。当时施工现场并没有吊车，小张想等有了吊车再清点，于是就忙别的事情去了。过了几天，其他部门来领这些大构件，小张才想起来，这些构件还在外面堆着，没有清点，也没有办理入库手续。领导知道这件事后，批评他说："如果不具备入库条件，为什么不及时汇报？"后来，经过协调，领导从施工队找来了吊车，才把问题解决了。小张问我："我觉得这个问题自己能慢慢解决，还用向领导汇报吗？"

情境分析

小张的问题是很多年轻人都会遇到的问题，也是让领导非常头疼的问题，就是不喜欢汇报工作。

陈云是一家企业的区域经理，管理着20多名"90后"员工，这些员工工作热情高，鬼点子多，工作起来有股子拼命三郎的劲儿，业绩也不错，让陈云头疼的就一件事，这些员工不喜欢汇报。

为了掌握工作进展情况，她一般会在布置工作任务的时候，要求下属在某个时间节点汇报工作情况。她自己也会把约定的汇报时间记录下来，如果员工没有按时汇报，她就必须追踪。即便如此，她发现这些员工汇报工作的意愿并不高，她必须抽出时间和精力追踪工作的进展。由于很多事情总是在心里悬着，让她感觉很辛苦，有时甚至抓狂。

年轻人不喜欢向领导汇报工作原因很多，如不喜欢被束缚、更愿意自己做决策等，但是其中还有一个原因，也是很多年轻人的困惑，就是不知道到底该什么时候汇报？

时间点1：遇到问题时

即便我们周全谋划，在工作推进的过程中，总会遇到一些新情况和新问题。这些新情况和新问题，有的经过自己的努力可以克服，这样的工作可以先尝试自己来处理；有的情况和问题，处理起来则不那么简单。比如，涉及问题的决策权已经不属于你的职权范围的时候，需要与多个部门协调的时候，需要多人参与工作的时候，需要人财物支持的时候，等等，这些时候就需要领导来帮助协调或进行决策。开篇例子中，小张遇到的问题就是需要协调多个部门的情况，这时候小张就不能私自决定，而要请求领导帮助。遇到问题时，大家最需要注意的是，一定要分清职权界限，不要越权决策。

李倩在单位负责管理公章。按照规定，使用公章时要登记，使用者本人签字，如果需要带走公章，需要请示办公室主任。这一天，财务部会计陈明来借公章，说是办理外地分公司税务登记，要把公章带走三天。李倩说："主任没在，不能带走。"陈明说："都是公事，我又不是个人使用，就是你们主任在，也不能不让我带走啊？再说那边催得急，张总在那边等着呢，都和人家税务局约好了的。"李倩给主任打了几个电话，都没有人接，后来禁不起软磨硬泡，让陈明登记完把公章带走了。第二天，主任说要用公章，李倩说公章被借走了。主任当时脸色就不好看了，说："谁让你私自做决定的？他是主任还是我是主任啊？"从此以后，主任对李倩的态度没有原来好了。

李倩的问题在哪里？遇到问题的时候私自做决策，并且越职权决策。如今新入职的年轻人平等观念非常强烈，不愿意受等级束缚。可是工作场合必须讲究等级，必须按照等级规范来做事。而且，领导和下属的差别来自哪里？怎么能够体现领导的权威性呢？做决策是领导主要的工作，也是领导与下属的主要差别。所以，如果你想和领导处理好关系，首先要过汇报关；过汇报关，首先要做的就是不要越职权决策。

时间点 2：工作节点时

任何事情的发展变化都是由阶段构成的，比如，恋爱分为暗恋、初恋、热恋、结婚等几个阶段，工作也是分阶段的。在工作进行到不同阶段的时候，领导有必要知道工作的进展和发展方向。所以，虽然可能没有遇到大的问题，也并不需要领导协调事项，仍然要向领导汇报，让领导掌握工作的具体情况和进展。尤其当你的领导是中层管理者的时候，他可能遇到上一级领导向他询问工作进展却说不清楚的情况，所以有必要向领导定期汇报工作情况。

林青早晨踩着点进了办公室，一进办公室就感觉气氛不太对，以往办公室里都热热闹闹的，今天却鸦雀无声，每个人表情都很严肃，还没等她问同事，就见部门王经理站在门口，对她说："林青，你到我办公室来一趟。"到了经理办公室，没等她说话，王经理就问她："前几天跟踪的香港客户进展到什么程度了？"林青一时没反应过来，刚想张嘴说话，王经理就说："告诉你多少次了，工作进展要及时汇报、及时汇报，你们就是不听！刚才李总问我香港客户的进展情况，我还想给你打个马虎眼，说正在进行呢！结果李总说，有人告诉他香港客户和我们的竞争对手打得火热，都谈到项目意向书了。"林青说："这个情况我知道，我同学就在那家香港公司，说他们老总对竞争对手的项目意向书并不满意。"王经理更生气了，说："这么重要的情况为什么不汇报？这么重要的客户丢了，你负担得起吗？"林青说："我觉得没有啥大问题，所以就没说。"王经理说："你觉得没有啥大问题，真出问题就晚了。"

林青的问题在哪里？自以为是。这是年轻人经常出现但最不应该出现的问题。领导有权力知道工作的进展情况，下属有责任让领导了解工作的具体情况。很多年轻人对领导不断追问工作进展非常反感。曾经有学员和我说："领导总是追着问我工作做到哪了？和我妈一样，烦死我啦！工作做完不就行了吗？为啥总问？"

从宏观来讲，领导比你更了解你的工作在全局中的位置和对全局的影响，所以领导了解工作进展，是对全局工作的整体把控。从微观来讲，领导掌握工作进度，更有利于对你的工作做具体而有效的指导。所以，千万不要对汇报持抵触态度。

时间点3：工作完成时

一项工作做完了，也要向领导做汇报。这样做，一方面可以避免领导对你的工作不了解，另一方面一定要记住：这是让领导了解你的工作能力和水平的绝佳机会，千万不要错过。

当年，我和李悦一起到一家公司工作，年龄相仿，工作经历相近。她负责招聘模块，我负责薪资模块。我们两个都做得不错，但慢慢地我发现，部门经理和李悦的关系好像比我更近些，她们经常在一起说说笑笑，除了聊工作，有时候还聊私事。可部门经理和我在一起的时候只聊工作，很少聊别的。后来有一个升任主管的机会，李悦升了主管，而我还是普通职员，为此，我郁闷了很长时间。有一次有机会和主管人力资源的副总一起出差，我就忍不住抱怨这次升职不合理。主管人力资源的副总意味深长地对我说："你知道为什么提拔李悦，没有提拔你吗？因为你很少做汇报。"我当时就争辩说："我汇报了呀！"副总说："你是汇报了，但你只是简单地说工作做完了。你没有在汇报中展示你的能力，没有在汇报中顺便聊聊天，没有借着汇报的机会与领导交心。一定要记住，领导首先是人，然后才是领导。是人就有感情，在能力相仿的情况下，领导一定愿意提拔一个自己更了解的人，这是人之常情。"

这个例子告诉我们，在工作完成的时候，必须做汇报，而且还要艺术地做汇报，把汇报变成机会，而不是负担。首先，领导是通过员工的汇报情况来了解员工工作状况的；其次，大家可以设想一下，如果你每次的汇报都在领导那里留下能力高强的印象，领导对你的总体印象就是能力高强；如果你每次的汇报都不能证明自己，那领导对你的印象也会大打折扣；再次，领导也是通过汇报与讨论工作才不断地和员工建立感情的。

所以，如果你把汇报视为负担，就会从心里抵触；如果你把汇报视为机会，就会每次都谨慎对待。

1.2 老板说没听懂我的汇报

情境

有一次老板到人力资源部来，人力资源部经理没在，只有一个专员在，顺便问了一句："这个月员工招聘情况完成得怎么样？"这个专员刚入职时间不长，见老板问自己问题，很紧张，站起来说："老板，这个月月初家电部说要招 3 个员工，月中的时候，女装部也说要招员工，月末的时候，我这都要做工资了，鞋帽部也说要招 4 个员工。我忙得焦头烂额，他们还都着急，可是现在招人真难啊！现在年轻人太挑，来了几个一看倒班，上班时间太长，都不来。前几天来了一个……"老板用奇怪地眼神看了她一眼，说："请你直接告诉我，这个月我们需要招聘几个人，目前到岗几个人，好吗？"后来人力资源部经理告诉她，老板说压根就没听懂她的汇报。

情境分析

不知道你是否有这样汇报的时候呢？我们一再强调汇报是展示自己能力和才华的机会，不要错过。但如果你像这个专员一样来汇报工作，不光没有展示自己，恐怕还在老板那里留下了不好的印象。

现实就是这样，很多汇报都是突然的，甚至非正式的，很可能是在走廊、在食堂、在车上甚至在卫生间的偶遇。这时候，你可能根本就没有时间去酝酿、整理自己的思路，你需要在短期内组织语言，逻辑清晰、准确有效地汇报工作，这个难度不小。但是，这个基本功每个职场新人必须学会，是职场新人必过的一关。

到底该怎么汇报？汇报有没有套路呢？有。下面给大家介绍一种最常见的总分总结构。

关键点 1　“总分总”结构的基本模式

“总分总”结构是我们解析文章和写作过程中一种常见的结构方式。在学习写作文的过程中，我们都学习并使用过总分总结构，所以这是我们非常熟悉的一种表达方式。这种结构除了用在书面语言的表达以外，在口语的表达中也是一种非常实用的方式。

总分总结构的基本模式——总+分+总，如图 1-1 所示。

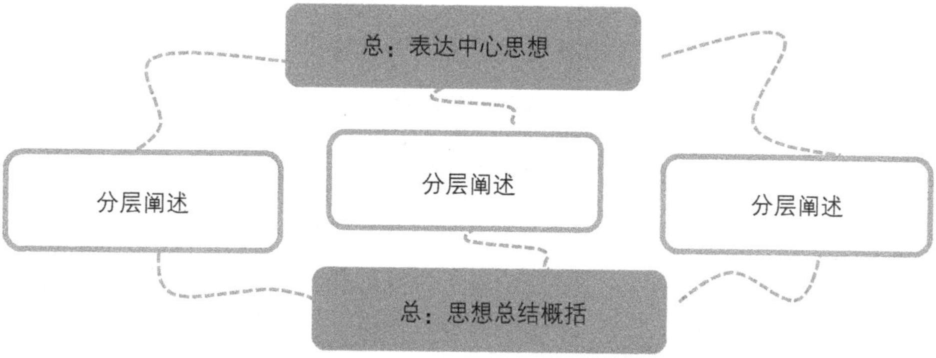

图 1-1　总分总结构的基本模式

下面我们感受一下汇报中的总分总结构。

刘霞最近在处理一项比较棘手的工作。客户投诉公司的净水机漏水，给自己造成了一些财产损失，要求公司给予赔偿。客户要求赔偿的损失包括：客户家的地板有 5 平方米左右被泡坏，更换地板需要花费约 800 元；楼下厨房的天花板被水冲了下来，维修需要 1 000 元；客户还要求赔偿误工费 500 元，总计 2 300 元。协调这件事情让刘霞颇费脑筋，因为新装修的房子被水冲，客户非常恼火，公司和客户对于损失的金额也存在很大异议，所以整个协调过程很艰难。用了一个多星期，才与客户初步达成赔偿意向，由公司出资，客户自己维修，费用定为 1 000 元。现在刘霞要向谢总汇报这件事情，两种不同的汇报你更喜欢哪一种？

第一种汇报方式

刘霞："谢总，这次我去协调那个客户，电话就打了 10 多个，又特意去他单位和他谈，光和他谈还不够，还要和他妈妈谈，好不容易他同意了，他妈妈又不同意……"

第二种汇报方式

刘霞："谢总，我和客户经过一个多星期的沟通，基本达成了意向。由公司出资 1 000 元，他自己来维修。"

谢总："我听说那个客户很难缠。"

刘霞："是呀！电话就打了 10 多个，又特意去他单位和他谈，光和他谈还不够，还要和他妈妈谈，好不容易他同意了，他妈妈又不同意。后来我发现他比较听他妈妈的话，就主动和他妈妈沟通。好在经过协调，最后得到了圆满的解决。"

第一种汇报方式会让听者非常焦急地想知道工作的结果，并且因为一直听不到听者想听的而产生焦虑。

第二种汇报方式是一种总分总的表达方式，这种方式给予听者的信息直接、简单、有效，满足了听者希望了解事件进展和基本情况的愿望。

所谓第一个"总"，就是结论在前面。"总"的部分要满足听者想尽快了解事件结果的愿望。在上述情境中的"总"就是"我和客户经过一个多星期的沟通，基本达成了意向。由公司出资 1 000 元，他自己来维修"。

所谓"分"，就是对总的结论的解释。因为我们在听到一个结论的时候，忍不住会对这个结论产生疑问，这个结论是如何得出的呢？你是如何做到的呢？在分的部分就要回答听者的疑问。在上述情境中，分的部分是"电话就打了 10 多个，又特意去他单位和他谈。光和他谈还不够，还要和他妈妈谈。好不容易他同意了，他妈妈又不同意，后来我发现他比较听他妈妈的话，就主动和他妈妈沟通”。

最后的“总”是对前面阐述的一个总结概括。可以和第一个“总”一样，也可以是对第一个“总”的简化阐述。比如，在上述情境中，第二个“总”就是“好在经过协调，最后得到了圆满的解决”。

关键点2 “总分总”结构的要求

关于“总分总”结构，有两个方面的基本要求。

第一个方面：对“总”这个部分的要求有三点，如图1-2所示。

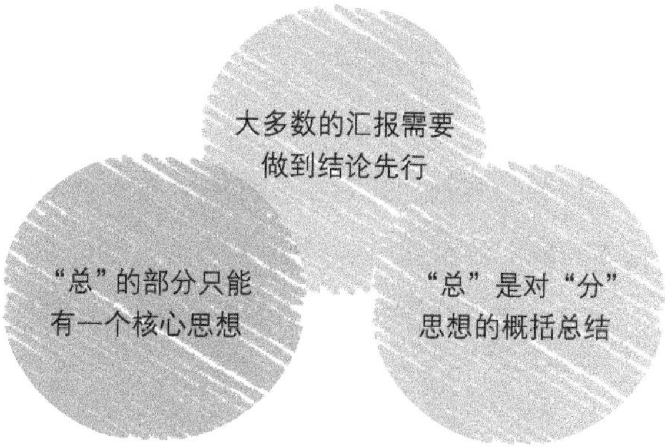

图1-2 对“总”的三点要求

比如，我们上学的时候学过的课文《从百草园到三味书屋》既是一篇散文，从汇报的角度看也是一篇好的童年生活汇报。鲁迅先生在文章开头便这样写道：“我家的后面有一个很大的园，相传叫作百草园。现在是早已并屋子一起卖给了朱文公的子孙了，连那最末次的相见也已经隔了七八年，其中似乎确凿只有些野草，但那时却是我的乐园。”首先，这个开头是结论先行；其次，只有一个核心思想（百草园是我的乐园）；最后，通篇来看是对后面内容的概括和总结。

第二个方面：对“分”的部分的要求有两点——“分”是对总的解释和回答；“分”的部分的内容需要按照一定的顺序进行排列。

同样以鲁迅先生的《从百草园到三味书屋》为例，整篇文章都是对开头结论的解释；文章的结构是按照空间的顺序来写的，先写百草园，再写三味书屋。

关键点3 “总”和“分”的提炼方法

如何提炼出“总”的部分

可以从两个角度考虑，第一个就是我们最想表达的，第二个是听者最想听到的。从沟通的“利他”性角度考虑，“总”的部分应该是用最简短的一句话回答听者最关注的问题。比如，在文章开头的那个例子中，总的部分就应该是用一句话回答老板“这个月员工招聘情况完成得怎么样”这个问题。所以，在组织汇报语言的时候，要首先思考对方想听到什么，对方最关注什么，从对方的关注说起。

如何提炼出“分”的部分

有一种方法叫作“抽屉”原则。即先在头脑中创立一个个小抽屉，再把不同的思想内容分别放到不同的抽屉里面。

“抽屉”的创立和排列顺序通常有四种方法，如图1-3所示。

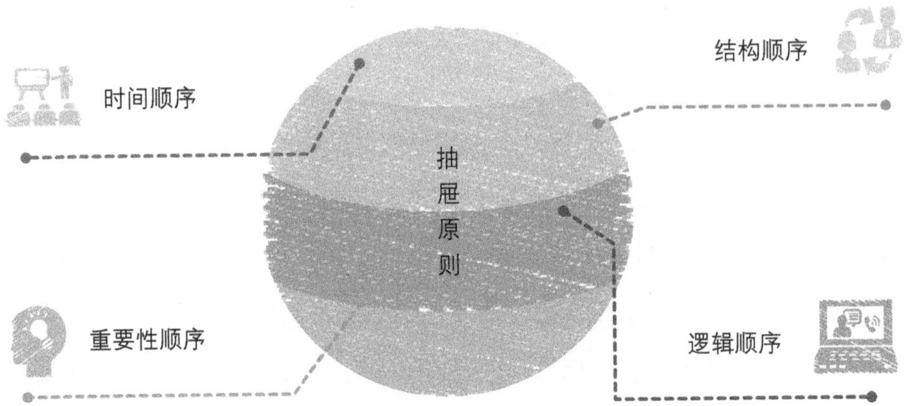

图1-3 “抽屉”的创立和排列顺序

第一种：时间顺序。按照时间的先后或正叙或倒叙。比如，下面这个汇报的顺序就是时间顺序。

4 月起，档案室分别对东北、西南、西北项目档案进行清点整理，逐级梳理了各项目档案缺失情况，并大力推动相关部门进行完善。目前已完成前期、合同招投标、工程档案等文件整理工作，共计 2 500 余卷。西南项目已于 8 月 4 日完成档案预验收工作，验收申请已经上报档案局。西北项目已于 2014 年 11 月 12 日完成档案验收……

时间顺序是一种相对比较简单的汇报顺序，尤其是在没有任何准备或突发情况下，时间顺序是一种最不容易讲乱的顺序。

刻意练习

大家可以尝试做一个练习，运用时间顺序，向别人汇报一下你的童年生活。我们给大家定好时间线，大家只要填上那一年发生的重大事件就可以了：

5 岁______________________________

6 岁______________________________

7 岁______________________________

8 岁______________________________

第二种：结构顺序。即按照事物的结构进行汇报，这个结构可以是先局部再整体，也可以是先整体再局部；也可以是先上后下，或者先左后右。

迈步走入小店，小店具有文艺小店所需要的所有特征：木质的老旧座椅、无处不在的绿植、写满字的黑板等。除此之外，我注意到西式的门楣上挂着一块中国雕花的木质构件，西式的摇椅旁挂着中式的鸟笼子，吧台后面的茶点既有咖啡，也有普洱和大红袍，穿过几张桌子，最抢眼的衣服就挂在那里。（摘自杨帆《如果不了解“mix & match”，你就 out 了》一文）

这个汇报的顺序就是结构顺序。

刻意练习

大家可以尝试做一个练习，运用结构顺序，向别人汇报你的家是什么样的。我们给大家定好方位，大家只要填上具体物品就可以了。

卧室在（　　）面，挨着卧室的是（　　），电视柜在（　　）面，沙发在（　　）面，沙发前面是（　　），（　　）挂在东面的墙上。

第三种：重要性顺序。按照事件中重要、次重要、一般重要、不那么重要的顺序来进行汇报或指示，一般政府工作汇报、公司年终总结、重大工作安排等都是按照重要性顺序来排序的。

比如，提高顾客忠诚度，我们重点抓了以下几方面的工作：首先是抓住老客户，其次是培养忠诚客户，最后是挖掘潜在客户。看似很随意，其实里面是有顺序的，最重要的是老客户；然后是已经购买过但还没有成为忠诚客户的那些客户；第三是没有真正购买行为的潜在客户。

刻意练习

大家可以尝试做一个练习，运用重要性顺序，向别人汇报你的主要工作职责。

最重要：____________________

次重要：____________________

一般重要：____________________

第四种：逻辑顺序。逻辑顺序是指按照我们思考问题的顺序进行的汇报或指示，通常是按照为什么、是什么、怎么办的顺序来汇报。

现在各大企业都越来越注重员工培训，原因有三个：首先，做好培训能够提高员工的工作技能，提高工作效率；其次，培训能够稳定员工队伍，因为现在的员工更加注重个人的成长；最后，培训能够使企业经验和精神得以传承，可以让公司各岗位的专家来讲课，这样就把专家的个人经验和工作精神留在了企业。（为什么）

那么是不是面对面讲课就叫培训？不完全是，现在有了很多新的培训形式，如微课、翻转课堂等。（是什么）

怎么能够让培训落地呢？我们采取了微信辅导、课堂讲授、课后小组练习等

方式，让学习成果实现了顺利转化……（怎么办）

这个汇报就是遵循逻辑顺序的。

刻意练习

下面，也请你来汇报一下，题目是“你的（　　）工作计划”。

为什么要做（　　）工作计划？________________

（　　）工作计划可以解决什么问题？________________

你要怎么完成（　　）工作计划呢？________________

当大家可以按照“总分总”结构来进行汇报的时候，你就会发现汇报其实并没有那么难，而且我们在做了一些练习之后，你是不是发现汇报也是一件挺简单的事呢？

1.3 工作刚刚开展，有啥可汇报的

情境

我刚参加工作的时候，在单位负责新闻报道工作。有一年年中，总公司下达了各单位下半年新闻报道上稿任务，过了两天，我的领导把我叫去，问我：“小杨，关于下半年的新闻报道工作，你有什么打算啊？”我当时就蒙在那里了：“啊？领导，我还没有想呢！”领导说：“小杨，你刚参加工作，工作上要多用点儿心，要把工作做在前面！”我当时还很不理解，心想：“工作刚布置下来，你就让我汇报工作，这也太着急了吧！”

情境分析

我相信，很多年轻人都遇到过和我类似的问题，认为工作刚刚开展，没有向领导汇报的必要，并且和我有一样的疑问：工作刚刚开始，有啥可汇报的呢？

工作是由阶段构成的，只有保证了每个阶段的工作都是正确的，最后结果才能够达到预期的成效，所以一般领导都会对工作的过程进行监控，听取工作汇报是领导监控工作情况的常用手段。通常来说，工作的不同阶段和工作的不同状态，要汇报的内容也是不一样的。

汇报时机 1：工作刚刚开展时

我们在工作汇报的时候，不妨换位思考一下，如果你是领导，你想知道些什么呢？按照这个思路去想，你就很容易知道领导想要听到些什么。

在工作刚刚开展时，往往是需要做工作计划、对整体工作进行谋划的时候。这时候，领导最想知道的是你的工作计划、工作思路是什么？所以，虽然工作刚刚开展，但绝不等于没有东西可以汇报，你要主动让领导知道你的计划，并且帮助你把关。因为一旦方向不对，你做得越多，错得就越多。

标准话术：领导，关于这项工作，我有这样的想法，您帮我把把关，看看这个计划可行吗？

汇报时机 2：工作遇到问题时

工作遇到问题的时候，是最需要汇报的时候。此时汇报的重点在于让领导了解实际情况。你要清晰准确地描述问题，并且为领导的决策提供建议。

领导决策的基础是信息。基层员工和领导的差别既体现在信息量占有的多寡上，也体现在利用信息的能力上。通常领导在占有上级和整个组织信息的方面比基层员工有优势；在利用信息分析、解决问题上也比普通员工能力更强。但领导也有短板，就是领导对于你所从事的具体工作的信息，一定没有你掌握得多，而这些信息又是领导决策重要的基础，所以当你遇到问题的时候，要为领导决策提供必要的信息。

必要的信息包括问题的信息和解决问题的信息。

问题的信息就是你遇到了什么具体的问题，是下一步工作不会开展需要领导帮助你决策，还是需要领导帮助你协调资源？我们在向领导汇报问题信息的时候，应该包括两部分内容：一个是问题产生的原因，另一个是真正想解决的问题。

标准话术：问题+原因。

为什么一定是“问题+原因”的模式？因为如果只说原因，领导不知道你到底有什么问题；如果只说问题，领导又会产生疑惑。

比如，下属说：“领导，今天又接到三个客户的投诉。”如果你是领导，你听了会产生什么样的疑惑？

你心里会想：你想让我去接待吗？产品有什么问题吗？我们的接待流程哪里不对吗？三个客户投诉与以往有什么不同吗？

这句话只有原因，没有想要解决的问题，领导听了就会一头雾水。我们在工作和生活中经常听到有人并没有深入整理自己的思绪，把问题原封不动地说出来，把得出结论的权力交给对方，这样做，表达的人比较轻松，但是，会给对方的理解制造障碍，且对方得出的结论也可能和你想表达的有偏差，产生误解。

再比如，员工说：“领导，我们能不能把工期再延长三天呢？”如果你是领导，你听了会有什么想法呢？

你一定会想：“好好的，为什么要延长工期呢？”

只有要解决的问题，没有原因，领导也会产生疑惑。

所以，在汇报遇到的问题的时候，你的表达应该是由“问题+原因”构成的，缺一不可。

解决问题的信息就是关于问题解决的有关信息和建议，为领导决策做准备。

汇报时机 3：工作结束时

工作结束时通常会遇到四种情况，如图 1-4 所示。

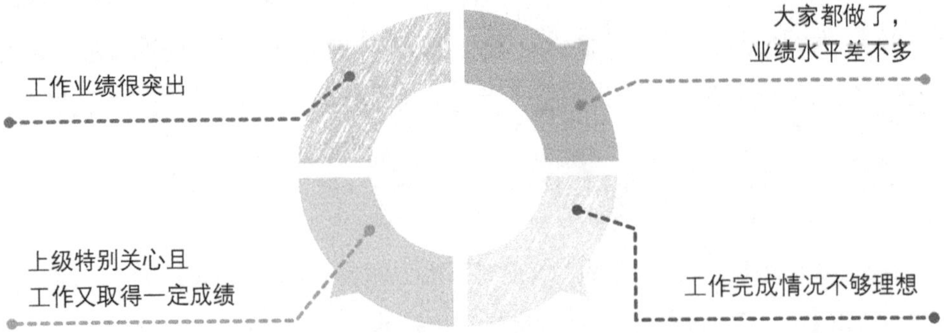

图 1-4　工作结束时的四种情况

工作已经结束，既要汇报工作的完成情况，又要汇报自己的努力。但是针对不同情况，汇报的重点也有所不同。

当工作业绩很突出的时候，重点在于汇报自己取得的成绩和采取的措施。大家要注意，为了彰显个人能力，通过汇报在领导面前加分，除了说清楚取得的成绩之外，重中之重是汇报自己采取的措施。

我有一个学员，自己负责一个省的销售工作，业绩非常不错，但因为距离总公司非常远，平时遇到困难和问题都是自己处理，总公司对于他工作情况的了解仅限于业绩完成情况。第一次，他去总公司述职的时候，也是重点讲业绩完成情况，并没有给领导留下深刻的印象，他觉得很失望。后来学习了我的课程，再去总公司汇报的时候，他就调整了策略。工作业绩只简单带过，因为报表上都有体现。他重点讲了自己在开拓市场和服务客户过程中遇到的障碍、问题，以及为了达成业绩，自己是如何想办法、调动资源、克服困难超额完成任务的，在讲的过程中还夹杂了一些例子。领导听得有声有色，会后专门找到他，拍着肩膀说："小伙子干得不错，头脑很灵活！"现在他已经开始负责更大的区域，并且带了一个团队。

当大家都做了，业绩水平差不多的时候，除了汇报工作成绩以外，还要突出本部门、本人的工作特点。如果大家的汇报都雷同，就会被淹没，如果你不想被淹没，就要制造一种差异化。

学员小段在开会的时候就遇到了状况。大家都是店长，业绩都差不多，总公司老总好不容易来一趟，大家都恨不得使出浑身解数，给老总留下深刻印象。怎么汇报才能从一群店长中脱颖而出呢？小段调整了汇报重点，重点讲自己店铺管理的特色，总结了“三个一”，即一心一意为顾客着想、一毫不差完成任务、一条绳子拧住干劲，给老总留下了很好的印象。

当上级特别关心且工作又取得一定成绩的时候，要重点汇报自己对这项工作的深层次思考，以及从此项工作中收获的经验。一项工作做完了，仅仅有工作成绩是不够的，还要善于总结经验、教训。领导特别关注的工作，一定是在全局中起主要作用的工作，这样的工作如果总结出经验，第一，可以复制、推广到其他人或兄弟单位；第二，这也是领导的工作业绩，总结成经验更有利于宣传。

当工作完成情况不够理想的时候，要重点讲清楚问题、分析原因并给出相应的对策。工作完成得不好还要汇报是一件令人头疼的事情，但一定要记住工作完成得不好和汇报做得不好是两回事，工作不好，汇报依然可以做得好。因为能够从失败中吸取教训，对未来也具有非凡的意义。第一，工作完成得不好只是结果不好，不等于工作做得不够好；第二，工作完成得不好，有主客观原因，不一定都是你的错；第三，工作完成得不好，不等于没有可取之处。在这样的认识基础上，工作完成得不好的时候，要把重点放在吸取经验教训上，要对问题产生的原因进行深刻的分析，原因分析得越透彻，找到的对策越准确，也越能凸显你的分析问题和解决问题的能力。但一定要注意，分析原因不等于给自己找借口，要实事求是、客观公正的分析，要知道领导最讨厌找借口的人。

1.4 工作太复杂，从哪里说起呢

情境

主管小房最近遇到一件烦心事。从下半年开始，他带领几个员工做了一个项目，这个项目周期比较长，涉及的人、事、物都比较多，过程也很复杂，现在主管副总要听取这个项目的汇报。部门经理出差，他最了解情况，汇报的任务就落在了小房的肩上。可是这么复杂的项目，怎么能够说清楚呢？说的时间短，怕讲不透；说的时间长，怕领导不爱听。到底怎么汇报好呢？小房为此几个晚上都没睡好觉。

情境分析

小房的问题是职场新人都会遇到的问题。一件事情过于复杂，汇报的难度就明显加大，因为找到汇报的切入点和主线变得非常困难。

其实越是难度大，越是见水平。一般，工作复杂会有三种情况：**过程复杂、关系复杂、原因复杂**。

过程复杂是指事件中间多次反复，过程比较波折，富有戏剧性。

关系复杂是指事情涉及方方面面的人、部门、单位，可能有企业内的，也可能有企业外的，还可能有国内或国外的；这里面既有等级关系，还可能有政企关系、企业与客户的关系等。

原因复杂是指事件的原因也是多方面的，有主客观的、有人财物的、有大环境与微观环境的、有时间空间的等，这些原因不是独立存在的，是相互交织的，这就使得分析起来比较困难。

汇报复杂的工作，需要我们剥丝抽茧，从纷繁复杂的表象中找到一条主线，找到事物的本质，有条理、清晰地进行汇报。

汇报复杂的工作需要三个“关注”

关注领导关注的

不论工作复杂还是简单，领导对工作都有一定的预期，这个预期可能不是一个点，会因为任务性质的不同，关注的点也不同。如销售工作，领导最关注的是业绩、回款、市场占有率、客户忠诚度等指标。那么在汇报工作的时候，就要琢磨领导最看重、最关注的是什么？从领导关注的角度来切入，进行汇报。

关注上级考核的

每个部门、每个岗位，公司都会有考核，这个考核的指标就是公司对你或部门的重点要求，这个指标具有指向性和导向性。在汇报的时候，可以从上级的考核指标出发，按照考核标准进行汇报。

关注产生亮点的

越是复杂的工作，越没有现成的经验可以遵循，越需要你创造性地完成工作。这些创造性的工作就形成了你工作的亮点，这些亮点当然也是你汇报的重点，否则就没有办法凸显你的个人能力。

所以，当我们汇报复杂工作的时候，可以结合上述三个关注来综合考虑从哪几个方面来汇报。

具体到汇报方法，最重要的要求就是一定要“条理化”，不要说成一锅粥，更不能冗余。怎么做到呢？

汇报复杂工作条理化的两个“建立”

建立一条主线

我们所有经历过的事情、做的工作都是一颗一颗珍珠，要采取一定的方式把它串起来。

我们都在旅游景点见过卖珍珠项链的，一条普通的珍珠项链大概也就是四五十元，而世界上最著名的一条项链当属卡地亚的一条双串珍珠项链。据说 1917 年，卡地亚用这条双串珍珠项链换购了一幢位于纽约第五大道 52 街东南角的文艺复兴风格六层大厦，这座大厦是由罗伯特·吉布森（Robert W. Gibson）为银行家莫顿·普朗特（Morton F. Plant）建造的宅邸。这条珍珠项链的造型在当时颇为时尚，据说两条珠链上的55颗珍珠和73颗珍珠，卡地亚花费数年时间才收集齐全，市值百万美元。这幢大厦至今仍是卡地亚在美国总部的驻地所在。所以，同样是珍珠，品质不同、串联的方式不同，产生了不一样的价值。

复杂工作上的每一件事都是一颗珍珠，能够让它们产生不一样价值的就是串联的方式。这个串联的方式，在珍珠项链中是一条珍珠线，在汇报工作中就是你采取的逻辑。

这条主线可以是时间线、空间线、主次线，也可以是人事物线、流程线等。总之，为了避免珍珠散落一地，你需要有一条珍珠线。

建立“分层结构”

我们看到的大部分事物都是由不同的部分构成的，如一个矿泉水瓶子包括盖子、螺纹、瓶身等，一件复杂的工作也一定是由很多方面构成的。我们汇报的时候，要把一个看似不可分的、复杂的任务进行拆解，拆解成一个个零件，这样才能够讲清楚。

所谓建立“分层结构”，就是在汇报的过程中，要强迫自己把事物进行拆分，按条目来表达。比如，按照时间线可以这样分层：项目准备阶段、项目实施阶段、项目收尾阶段；按照空间线可以这样分层：东北地区、华北地区、西北地区；按照主次线可以这样分层：首先、其次、最后等。

如果你实在分不出来层次，最简单方法就是列出一、二、三、四。比如，第一，我们建立了组织机构；第二，我们按照专业特长做了分工；第三，制订了协同工作计划；第四，建立并坚持了每周碰头会制度。总之，就是要强迫自己分成条目。

1.5 领导一问细节，就蒙了

情境

同事的儿子刚刚参加工作，有一天下班回来，同事问他：“今天有什么印象深刻的事吗？”他的儿子很不好意思地说：“哎呀，你别问了。”同事问：“怎么啦？”他说：“昨天有个中年妇女找我们经理，经理没在，就让她走了。今天她又来了，正好经理在，我就问她姓啥？她说姓王。于是我就敲了敲经理办公室的门，和经理说有个姓王的女士找他。经理问了我一句：‘她有什么事呀？’我才意识到我忘记问了。”

情境分析

同事儿子犯的错误是很多职场新人常犯的错误，在工作汇报的时候，对信息掌握不全、考虑不多，领导一问就蒙了。

职场新人在汇报工作中常见的问题有三个“不清”

事实不清。领导一追问细节，就发现自己对很多事实也并不十分清楚。如果作为基层员工都不了解事实的话，领导又怎么能准确地掌握信息进行决策呢？

思路不清。不知道从哪里说起，不会把事情条理化，想到哪说到哪。

目标不清。很多新人去汇报的时候，只是人脑中有个粗浅的认识，觉得这件事情需要领导知道，至于领导知道之后的下一步要做什么，则没有深入的思考。

产生这些问题的原因主要有两点：一是心理准备不足。在心理上还没有完成从学生到职业人的转换，认为反正和领导说了，至于怎么办，领导拿主意。把自己放在被动接受的位置上，而不是积极主动地为工作负责。二是材料准备不足。因为心理准备不足，对工作的责任意识没有完全建立起来，所以对工作的思考停留在表面。当领导为决策搜集信息询问的时候，就没有准备好素材。

汇报前做好四个准备

准备目的

我们做事都是有目的的，一个人如果目的不明确，就像一艘船在海里漂，任由风浪把自己送向哪里，这是不负责任的行为。目的是灯塔、航标，指引着人的行为，而且不同的汇报目的，汇报的方式和重点也不同。所以，在汇报之前，首先要思考自己去汇报的目的是什么？一般汇报有四种目的：让领导了解工作进展；请求领导做出决策；请求协调其他部门；请求人财物支援等。请在汇报出发前，养成习惯，问一下自己：**我的汇报目的是什么？**

准备应答

在汇报之后，领导总会问一些问题。这是因为，作为领导，不直接从事具体工作，对一线的信息不够了解，而领导的决策又依赖于信息，所以领导就必须向下属了解情况。如果你不了解具体情况，那就是工作失职，也会使你在领导心目中的形象大打折扣。正因为如此，在汇报前，必须做好回答问题的准备。大家想想那些取得高分的学霸，之所以考试成绩那么高仅仅是因为勤奋吗？不仅仅如此。很多学霸的经验是，他们总是在思考老师能用什么样的方式考查知识，而不是我会什么知识。所以，去领导那里汇报工作，**不要想自己知道些什么，要想领导需要知道些什么。领导需要知道的，还有哪些我不知道？**有针对性地事先做好功课，为回答问题做好心理和材料上的准备。

周一，培训助理接到总经理电话。

总经理："是培训部吗？培训经理在吗？"

培训助理："培训经理没在，出差了。"

总经理："哦，什么时候回来？"

培训助理："具体时间我也不清楚。"

总经理："下周安排培训。

培训助理："好的，知道了。"

培训经理周三出差回来了。

助理："总经理说下周安排培训。"

培训经理："什么时候说的？"

助理："周一打电话说的。"

培训经理："具体什么时间培训？给谁培训？多少人？培训什么内容？我们都需要准备什么教具？"

助理："他没有说啊！"

培训经理："他没说，你不会问吗？作为一个培训组织者，你不知道这些问题很重要吗？"

助理：……

这个助理的问题在于没有站在部门经理的角度去考虑问题，所以出现了一问三不知的情况。

准备思路

大家小时候都玩过积木，积木通过不一样的组合，可以搭成城堡、庙宇、高楼等，我们会发现积木块就那么多形状，影响最终效果的不是每块积木，而是积木的组合方式。我们在汇报的时候也是如此，同样一件事情，不一样的汇报方式决定了成败。比如，那段著名的对话。一个信徒问牧师："我在祈祷的时候可以吸烟吗？"牧师很生气地说："不可以。"信徒又问："我在吸烟的时候可以祈祷吗？"牧师很高兴地说："当然可以。"不过是把祈祷和吸烟的顺序做了调整，对方的态度就发生了很大变化。以此类推，汇报时的顺序和思路也非常重要。

小张认为公司给所在团队定的季度销售指标有点儿高，因为团队一共就四个人。一个正在住院，估计半个月不能上班；一个在休产假，整个季度都回不来；还有一个是新人，业务很不熟练。小张非常想请求领导降低本季度的销售指标。但如果直接和领导说降低销售指标，领导一定不会同意。于是小张就把汇报的重点放在团队人员情况上，希望领导能够给本团队增加人手，这样好努力完成本季度目标。结果和领导汇报之后，领导决定降低他们这个团队的销售目标，并在会上和大家做了说明。

在这件事情上，小张的处理方法就非常艺术。领导下达了工作任务，最想听到的是下属怎么想办法千方百计地完成任务，而不是说困难、找理由。

> 所以，在汇报的时候，记住一句话：思路决定出路。

准备建议

一般领导在决策的时候，为了更加科学、稳妥，会征求下属的意见。为了更好地表达意见，给领导留下良好印象，建议也需要提前准备。具体如何提出建议，见 1.6 节。

1.6 领导问我意见，我是说还是不说

情境

小雪刚刚参加工作时间不长，协助领导做些采购的前期信息收集工作。这一天，小雪把几家企业的报价和资料送给领导。领导问她：“你看这几家供应商选择哪家比较好？”小雪想领导既然问了，就要回答，于是老老实实地说：“我觉得启航还行。”领导又问：“为什么？和别家比它的优势在哪里？”小雪当时愣了一下，因为没有想到领导会问这个问题，但还是按照自己的感觉说：“这几家的价格都差不多，启航他们家的产品型号比较全，可选择的余地比较大。”领导用鼻子“嗯”了一声，没再说话。小雪也不知道自己是不是说错话了。

后来领导选的不是启航，小雪坚定地认为自己说了错话，以后领导征求她的意见时就不太敢说了。她发现一起入职的小青在领导面前很敢说话，领导也好像很愿意听的样子，每次都笑眯眯地看着小青。

有一次，领导问小青：“你去几家供应商都实地考察了，你觉得公司应该采购哪家的？”小青说：“领导，综合考虑实力、价格和供货能力，有两家还不错，也各有优势。鑫程公司……新华公司……”领导听得很认真，最后选了新华公司。

情境分析

仅仅提出建议这一件事情，小雪和小青在领导心目中的位置就不同了。因为小青显然有备而来，给领导提建议时，条理清晰，分析准确，而且把决策权交给了领导；小雪则直接给领导一个答案，客观上有主导领导的嫌疑。

如果领导征求你对决策的意见，最好的做法是像小青那样，**第一步，给领导做选择题而不是问答题；第二步，有理有据地说明理由；第三步，等待领导决策。**这就要求你在汇报前做好准备，而不是临时抱佛脚。因为如果你也拿不出具体意见，说明你对工作的思考是不够的；如果你直接给领导一个建议，又可能让领导感觉自己被操控。所以，最好的选择是给领导做选择题，即让领导知道你对工作有想法，又不给领导增加压迫感。

提出建议的三个步骤如图 1-5 所示。

图 1-5　提出建议的步骤

第一步：让领导做选择题

我们汇报工作的主要目的是解决问题，解决问题的方法不止一个，所以需要选择。这种选择是领导最主要的管理行为，也就是决策，决策也是领导与员工之间最大的区别。所以，在给出建议的时候，要特别注意：第一，不能代替领导决策；第二，不能把问题推给领导；第三，为领导决策提供条件。

不能代替领导决策。有的新人在面对问题的时候，会觉得自己的选择是最优选择，所以在语言上就会表现出非常强烈的愿望，虽然表面上看决策权在领导，实际上，暗藏着主导领导的意味。

福林和小梅最近在做一项活动策划，产品是一款休闲食品，面对的消费对象主要是年轻人，活动方式是赠送、品尝。有几个意向活动地点：大型超市、大型百货公司、电影院、文化街区、美食街、地铁口等。领导征求他们关于地点的意见，小梅说："我建议电影院或美食街。因为从精准促销的角度看，第一，这些地方年轻人比较集中；第二，年轻人停留时间比较长；第三，这两个地方他们有品尝欲望。要说利弊，电影院可能数量上没有美食街人多，但品尝的可能性更大。领导，您看看选择哪个呢？"

福林在小梅说话的时候，就有点儿坐立不安，因为他觉得小梅的建议根本就不可行，所以小梅刚一说完，福林就赶紧抢过话来说："领导，我觉得要做促销，那就得做得轰轰烈烈，有影响力，否则促销有啥用？就去地铁口，赶在年轻人上班的时间，地铁口的人流量大，保证有很多人来品尝。领导，您说呢？"

领导看了看福林和小梅说："小梅的建议还是比较靠谱的，这样，你们先调查一下看看哪些电影院和美食街比较适合？"然后领导站起来就要走。

福林还跟在领导的后面说："领导，我真的觉得地铁口更合适。我也在地铁口看到过不少促销活动，要不您再考虑一下？"

领导像没听见一样，转身走了。

这个例子中，福林的做法不是给领导提建议，而是企图把自己的意见强加给领导。通常年轻下属对很多问题的理解比较表面化，考虑问题不够深入，所以会提一些比较自以为是、肤浅的建议，这都没有问题，作为领导都能理解，因为这是经验和能力问题。但是，如果把自己的意见强加给领导，这就是态度问题了，因为里面蕴含着你的自大和对领导的轻视。

不把问题推给领导。公司派王经理和林峰一起出差，去见一个比较重要的经销商，和经销商谈新品销售的问题。王经理对林峰说："小林，你把资料准备一下。"林峰说："经理，都准备啥呀？"王经理用疑惑的眼神看了林峰一眼，说："你去问问部门的其他同事。"

林峰哪里问得不对？如何做是正确的呢？

既然领导让你准备资料，就是希望你能够自己开动脑筋。如果凡事都需要领导事必躬亲，那你的作用又在哪里？如果你不发挥作用，为什么要雇用你？所以，当领导安排工作或需要听取你的建议的时候，不要把问题直接抛给领导。领导不是你的父母，没有义务照顾你。

为领导决策提供条件。领导听取汇报，征求你的意见，最终只有一个目的：为决策做准备。所以，你有义务为领导决策提供相应的信息。有的新人有疑问：我怎么知道领导决策需要什么？一个经验丰富的老员工，由于对工作流程、工作状况、领导风格等都比较了解，所以能够很迅速地判断并且满足领导的需要，但是对于新人来说，这的确比较难。

任何经验都是从实践中来的。要想为领导决策提供相应条件，就要做到换位思考。要不断地问自己："如果我是领导，我需要哪些信息才能够决策呢？"在一次次与领导的交集中，不断总结经验教训，体会领导的需要。

永远记住：决策是领导的主要工作。所以，要给领导两个以上可供选择的意见和建议，让领导从中选择。

第二步：清晰说明理由

仅仅给出两个选择还是不够的。当我们听到一个结论的时候，总会产生疑问。比如，你说"我的工作很辛苦"，听者一定会有疑问："为什么？你的工作哪里很辛苦？"同样，当你说出两个选择的时候，领导也会有疑问，所以要有理有据地说出自己的理由。

比如，在福林和小梅做活动策划的例子中，小梅说"我建议电影院或美食街。因为从精准促销的角度看，第一，这些地方年轻人比较集中；第二，年轻人停留时间比较长；第三，这两个地方他们有品尝欲望"。小梅在讲完建议之后，对理由做了说明。一方面，显示出建议是经过认真思考的；另一方面，这些理由可以在领导决策的时候作为参考依据。

第三步：等待领导决策

当你说完建议之后，就可以等待领导决策了。有时候，领导会有片刻沉默，因为领导也需要在大脑中对这些素材进行加工，不要着急，要给领导留出思考的时间。如果领导一时没有做出决定，也不要急于催促领导，可以约定时间再来询问。

标准话术：领导，那您先忙，我过一会儿再来。

1.7 几件事同时汇报，先说哪件

情境

你要去领导办公室汇报工作，有两件事要和领导说。第一件事是领导让你送到市卫生局的请示已经送过去了，对方说等领导研究之后回复；第二件事是劳务派遣公司派来的人员在办理劳动保险过程中遇到一些问题，涉及人数比较多，情况比较复杂。你要先汇报哪件事情呢？

情境分析

这样的情境在工作中是一定会遇到的。如果只有一件事情需要汇报，最优的汇报方式当然是结论先行——总分总结构。有两件或三件事情，难度就加大了。如果一件事情复杂，另一件事情简单，要先说哪件，后说哪件？如果一件事情重要，另一件事情不重要，要先说哪件，后说哪件？一件事情领导听了会高兴，另一件事情领导听了会不高兴，你要先说哪件？

当必须汇报几件事情的时候，基本原则如下。

一事一议

汇报的时候，不要把几件事情混着说，这样信息庞杂、混乱，会影响领导的决策思路。一定是先解决完一件事情，再解决另一件事情。

先易后难

当有几件事情同时要汇报的时候，需要对汇报顺序进行排定。如果一件事情很难，另一件事情很容易，要先汇报容易的事情，后解决困难的事情。首先，这样做可以避免在第一件事情上纠缠过多时间，第二件事情的决策时间不够；同时，也能够树立解决问题的信心，更重要的是领导容易在比较轻松的状态下做决策。

先重要后次要

所谓重要的事情，是指可能对全局产生影响的、领导非常重视的事情，这样的事情在汇报的时候一定要放在前面。对于新人来说，分清事情的轻重缓急也是一件不容易的事情。

王总的秘书休产假了，李欣临时接替了秘书工作。能够在总经理身边工作，李欣觉得非常荣幸，也非常珍惜，加上自身比较聪明，很快就适应了工作节奏，王总对她也比较满意。这一天，华南地区经理给王总打电话，说华南地区的供应商集体提出提高利润率的请求，想请王总指示。王总此时正在开会，李欣就对华南地区经理说："等王总开完会一定转达。"王总开完会时间比较晚了，还要赶一个饭局，匆匆忙忙就走了。

第二天，王总把李欣叫到办公室，批评了她，说："这么大的事你为什么不汇报？这是对公司全局都有影响的事情，你知不知道？"

李欣也很委屈，因为她确实不知道这件事情这么大，如果知道一定不敢误事。

如果你暂时分不清事情的轻重缓急，可以向经验丰富的同事请教，也可以征求领导意见。

标准话术：领导我有两件事情向您汇报，一是……二是……您先听哪件？

先紧急后常规

有些事情在时间的要求上比较紧急，比如，发生安全生产事故、马上要开始的会议、发生投诉等，需要在短时间内做出决策。和日常工作比起来，这样的事情在汇报的时候要放在前面。

先高兴后生气

领导也有喜怒哀乐，领导也会情绪波动。如果领导处在盛怒之下，最好不要汇报，因为一个人在生气的情况下很难理智决策，可以等领导的心情平复下来再汇报。

如果有两件事情，你预计领导听到一件事情会很高兴，听到另一件事情会很生气的时候，一定要先说高兴的事情，再说让领导感到烦恼、生气的事情。

我们在汇报的时候还要注意一些其他事项：领导的状态，对决策结果进行确认，以及场合、角色、程序。

注意领导的状态

我在企业担任人事经理的时候，曾经遇到这样一件事。

主管对我说："经理，为了调动员工的积极性，让员工更有归属感，我建议这个周末组织员工郊游，让一线员工出去放松一下。"

我："可以考虑，你看要多少费用？准备去哪玩？我好向刘总汇报。"

主管："距离不太远又很方便的地方也就是北陵公园了，您看行吗？我算了一下，门票加上午餐大概 3 000 元。"

我："哦，好的，一会儿我去向刘总汇报一下，看看他是否同意？"

于是我走进了总经理办公室，看见财务部门的人员正在总经理办公室算账，于是说："刘总，我一会儿再来吧！"

刘总看了一眼正在算账的财务人员，说："没事，你说吧，什么事？"

我："前一阶段大会战，一线员工都很辛苦。为了调动员工积极性，人事部想在这个周末组织一次一线员工的郊游活动。费用不高，大概3 000元，地点也不远，就在北陵公园，也不需要雇车，大家自行到公园门口集合就行。"

这时财务经理走了过来，对刘总说："刘总，您看这个账目，我们想这么调，行吗？"

刘总一边走一边对我说："我忙着呢！费用不高，你们自己定吧。"

于是我回来对主管说："领导同意了，你去操作吧。"

第二天，刘总见到我，问道："你昨天和我说，员工要去哪玩？花多少钱？"

我："去北陵公园，3 000元钱就够了。"

刘总："最近总公司要来审计，我这焦头烂额，你们还有闲心出去玩？"

我："已经和员工说了，也布置下去了，员工都盼着呢！要是实在不行，就取消了？"

刘总叹了口气："行啊，都说了，就那样吧！"

在这个案例中，我觉得已经表达得很清楚了，却忽略了沟通对象的状态。当接收信息的一方比较轻松的时候，你的信息才能有效到达。如果接受一方正处在情绪中，或者受到其他因素的干扰，信息的传递就会受到阻碍，领导的决策也会受到影响。

注意对决策结果进行确认

学员给我举过这样一个例子。他们基层单位的财务部门经理接到总公司领导的电话，要求他们统计一个数字，从基层单位的领导到财务部员工都非常重视这件事情，利用周末加了两天班，把前几年的账本都翻出来了，反复核对，确认无误后在周一一早就上报了，满以为会受到表扬，结果挨了一顿批评。因为领导让他们统计的是最近五年新增房产的面积，而他们计算的是最近五年新增房产的购买金额。

这个例子非常典型。我们认为已经充分领会领导的意思了，但受众多因素影响，这个理解不一定是对的。为了避免工作出现误差，一定要和领导确认。

当然很多时候，确认也是对自己的一种保护。

经过一段时间的工作，小王发现刘总经常会忘了说过的话，使自己很被动。比如，上次招聘来一个文员，刘总当时说的是月工资 3 000 元，等到审工资表的时候，刘总看着工资表问她："谁给文员定的 3 000 元的工资？这个岗位也就 2 800 元。"小王百口莫辩，只好自己默默吞了苦果。下次再遇到这种问题，小王就会拿出本子，把刘总说的事情记下来，并且和刘总再确认一次。

这种确认可以是口头的，比如：**"领导，我把您刚才的话整理了一遍，我说说，您看看我理解的对不对。"** 也可以是书面的，比如，给领导以汇报工作的形式发微信，可以这样说：**"领导，按照您的……要求，我想这么做，您看可以吗？请指示。"** 也可以像例子中的那样，用本子记下来，再口头确认。这样的确认更有仪式感，一般领导就不太容易遗忘了。

注意场合、角色、程序

销售部的秦明刚到公司时间不长，小伙子很机灵，总经理几次交代给销售部的任务，销售部经理交给他都圆满完成了。总经理对他很信任，有时候也会越过销售部经理单独交代他一些工作。有一次，总经理到销售部来，秦明当着全体同事的面对总经理说："总经理，您昨天交代我做的事情，我都做完了，一会儿给您送去。"总经理笑了笑，没说话。秦刚回到工位继续工作，突然桌上的电话铃响了，销售部经理让他到办公室来一趟。到销售部经理办公室之后，秦刚发现部门经理的脸板着，没有了往日的笑容，很严肃地问他："你最近的那几个单子，都完成得怎么样？给我汇报一下。"而且，秦刚发现部门同事对自己也更客气了，客气到有点儿生疏。

问题出在哪了呢？出在秦明没有注意场合、角色、程序。总经理单独布置给你的工作任务，一定要单独向总经理汇报。因为有时候你并不能理解总经理把任务交给你背后的深意；当着那么多同事的面向总经理汇报有越级汇报的嫌疑，也有炫耀的意味，这种行为特别容易引起主管领导和同事的反感。

第 2 堂

找到点、说到位

——发表意见有理有据

2.1 开会时一发表意见就带情绪

情境

公司召开生产调度会，研究一批新品的生产计划。这批产品工期紧、要求高，生产难度比较大，几位车间主任在心里都不愿意承接，但表面上又装作很愿意接受任务的样子。开会的时候，各个车间主任都表决心，坚决支持公司承接的新项目，就是没有人提接受这个项目。

负责生产协调的调度室副主任石磊看到这种情形，心里很生气，因为每次开会都这样，没有人为公司整体利益负责任。正好三车间主任在讲自己车间的困难："我们车间人手少，人力资源部老是招不来熟练工人……"石磊听了就气不打一处来，接过三车间主任的话说："现在大家都提困难，哪个车间没困难？你人少，哪个车间人多？还有没有人为公司的利益负责任……"三车间主任一听也火冒三丈，站起来说："你说谁不对公司负责任？就你对公司负责任？你天天坐在办公室里吆五喝六的，你知道车间啥情况吗……"结果两个人互相争执，谁也不服谁。

情境分析

石磊本来是从公司整体利益考虑发表意见，结果最后演变成了与三车间主任的私人恩怨，既对自己不利，对公司也没有任何好处，得不偿失。

在开会或讨论问题的时候，我们总会看见一些人带着情绪发表意见。其实在情绪之下，人很难客观地表达出自己的想法，甚至可能带着对对方的攻击。这样的攻击又会引起对方情绪的反弹，所以，双方根本就没有办法心平气和地坐下来讨论问题，最后往往演变成"我对你错"的辩论赛。这样的辩论有百害而无一利。

发表意见时带情绪的不利影响

偏离了讨论的主题，使我们不能专注于解决问题

由于过于情绪化，解决方案带有浓厚的个人色彩，其中难免有赌气的成分。比如，在上面的例子中，本来三车间是承接任务的最佳选择。但因为争吵，三车间主任觉得自己再承接任务很没面子，石磊也觉得再把任务交给三车间好像求他似的，两个人心里都不爽，但没有一个人为问题本身负责。

双方都带着偏见工作，破坏了团队成员的关系

由于这次争吵，石磊和三车间主任之间的关系一落千丈。虽然经过领导调节，大家都承认情绪过于激动，做得不对，表面上也握手言和了，但在工作配合时，总是有芥蒂，别别扭扭。大家可以想象，每次的争吵或情绪化的表达都像埋下了一颗种子，只是这颗种子开出来的并不是美丽的花。如果你和公司的很多人都发生过工作摩擦，那也就意味着你和很多人的关系都存在危机，不知道会在什么时候爆发。

给别人留下不成熟的印象，不利于个人的成长和发展

一个成熟的人在处理问题的时候，并不是以争吵的方式证明自己是对的，而是心平气和地用对方愿意接受的方式解决问题。如果你每次发表个人意见的时候都带着情绪，大家对你的印象就会打折扣，会觉得你还不够成熟。一个不够成熟的人，怎么能够委以重任呢？所以，在职场，你的一言一行都像在白纸上画自画像，不要抱怨别人不理解自己，而要看看平时是如何在别人面前画像的。

发表意见时情绪化严重的原因

在心里瞧不起对方

职场新人特别容易犯的错误就是认为自己是对的，别人是错的，喜欢用非黑即白的眼光看待世界。到底是黑还是白？标准在哪里？通常以自我为标准，和我

一致的就是对的，和我不一致的就是错的。对于与自己不一致的想法会不屑，进而发展到瞧不起对方。这种不屑和瞧不起一定会通过细微的语言和行动表现出来。人是非常敏感的，你的这种小心思，对方一定能够感觉到。

把自己放在高地上

职场新人对所谓的世故、圆滑非常反感，为了表现自己与众不同，总喜欢把自己置于道德或思想的高地上，用一种蔑视的眼光来看待别人。如上例中石磊对三车间主任说的话“现在大家都提困难，哪个车间没困难？你人少，哪个车间人多？还有没有人为公司的利益负责任……”很明显，石磊用一种高高在上的语气在讲话。

习惯用语言战胜对方

很多人会争口舌之利，无论在心理上是否觉得对方说得对，在语言上绝对不能服软，最后的胜利一定要属于自己。我有一个朋友就是这样的。他在与人辩论问题的时候，必须是他赢，不管你的论点是什么，他永远都要喋喋不休地证明自己是对的。后来我们干脆做了一个牌子，上面写上“你对”两个字，只要他一张嘴，我们就举牌，不给他说话的机会，当然举牌有玩笑的成分在里面。但在职场中，如果永远都是你赢，很难有好的配合。姑且不论是否每次都是你对，即便你都对，也要给别人留有余地。

2.2 不同意对方意见，第一句话要怎么说

情境

公司召开部门经理会议，讨论年度优秀员工人选，一共有五个名额。总经理让大家发言，说说想推荐的人选和理由。沉默了一会儿，技术部的杨经理先打破沉默，说：“大家都不说，我就先提一个。我觉得公司要推选先进，一定要选对公

司贡献大的。我们部门去年有两项技术都获得了国家级的奖项，陈伟新参与了这两个项目的工作，确实非常辛苦，我建议推选陈伟新。”实际上，陈伟新在这两个项目中的作用都不大，杨经理不过是想在部门内部平衡一下。你听说因为奖金分配，技术部内部闹得不太愉快。陈伟新分的奖金有点少，正在闹情绪。所以，很明显，杨经理提陈伟新并不是从公司利益考虑，而更多的是考虑本部门利益。你对这种行为很不屑，这时候，该你发言了，你要怎么说?

情境分析

我们在讨论问题的时候，难免会遇到大家意见不统一的情况，如果你不同意对方的意见，我们遇到的第一个问题是要不要马上指出来，第二个问题是如何说出不同意见。

当然，既然是谈论问题，就要允许不同意见的存在。而且，思想、观点的碰撞产生的火花，的确对工作和事业是有促进作用的。但是，要注意，当我们和对方意见相左的时候，如果我们上来就先批评对方的意见，那么后果只有一个：你会看见对方在瞬间就穿上了“盔甲”，进入防御模式。因为谁也不愿意承认自己是错的，他会极力维护自己的观点。此时，即使你的观点是正确的，他也听不进去。这不是道德的问题，这是人性的问题。

> 所以，真正的问题不是要不要指出对方的问题，而是如何用艺术的方式发表自己的意见。
>
> 请记住，发表意见不是为了证明自己是对的，对方是错的，所以没有必要否定对方，只要表达自己就好。

大家都在同一个语境下说话，你的发言不可能绕过对方的话，总是要接着对方的话来谈，那么怎么谈呢？第一句话很关键。

我们经过观察发现，那些对话高手第一句话用的都是这样的方式：**同意你同意的**。

对方的观点无论有多么不对，在阐述的过程中，总有些大家普遍认同的道理，否则，他也很难说服别人，那么我们就可以同意他语言中大家普遍认同的道理（见图 2-1）。

图 2-1　同意普遍认同的道理

同意对方的某一个观点

如上例中提到的，杨经理说“我觉得公司要推选先进，一定要选对公司贡献大的”，这句话是不是放之四海皆准呢？是的，没有人不同意这句话。那么你在表达的时候，就可以从同意这句话开始。你可以说：“我同意杨经理说的，公司推选先进一定要选对公司贡献大的……”然后再表达你的观点。

同意对方的出发点

如果对方说的观点你实在无法认同，你要想一想对方的出发点是不是好的？埃里克森五大原则中有一项很重要的原则叫作“每个人都有正向动机”，也就是说，每个人说话、做事，都有一个可以理解的、正向的出发点。上例中，杨经理提议推选陈文新为优秀员工，如果从正面来理解，他的出发点是不是也是为公司负责呢？当然是，一个部门团结和谐，最终受益的还是公司。所以，你也可以在认真思考、理解对方的正面动机之后，同意对方的出发点。你可以这样说：“我觉得杨经理的出发点是好的……”

同意对方的态度

如果连出发点也很难认同，你还可以承认对方的态度是好的。即便对方有私心，他在表达的时候也会隐藏私心，表现出一种全局意识，这时候，你就可以这样说："我同意杨经理为公司着想的态度……"

总之，和对方讨论问题有分歧的时候，不要急于辩解，不要急于表达自己，要记住第一句话决定了对话的方向，所以，请同意你同意的。

2.3 一听到"但是"就头疼

情境

公司开会讨论各个部门的业绩指标，今年的业绩指标普遍比去年增长了10%，在外部大环境不好的情况下，这个增长率实在很难完成。各个部门经理你看看我，我看看你，都做出很为难的表情，谁也不表态，气氛有点紧张。平时就快言快语的王晓峰坐不住了，他已经知道"同意你同意的"这个原则，所以，一开口还不错，他说："总经理，我同意公司业绩指标要连年增长。"总经理听了这句话，脸上露出了笑容。王晓峰看到总经理的表情，也大受鼓励，接着说："但是我认为这个增长的比例是不是有点儿太高了，现在大环境这么不好……"只见总经理的脸色越来越难看，后来干脆打断了王晓峰的话，问道："大家谁还有不同意见？"

情境分析

王晓峰错在了哪里？王晓峰的第一句话说对了，接下来他犯了一个大家都会犯的，也是致命的错误，就是用了一个词"但是"。

"但是"这个词我们从小就经常听到，妈妈经常说"你很聪明，但是不够努力"；"你这次数学考得还行，但是英语有点烂"……一听到"但是"，我们就知道前面的话不过是个诱人的"胡萝卜"，后面的"大棒"才是话里真正要说的。所以，我们一听到"但是"这个词就会紧张，因为不知道接下来迎接你的是什么样的"大棒"。既然我们都这么不喜欢"但是"，别人当然也不喜欢，就像上例中的总经理，从一听到"但是"开始，他就坐直了身体，脸上的肌肉也变得僵硬，说明他对"但是”这个词也是非常敏感的。

意思必须转折，说“但是”又不好，有没有更好的办法呢？当然有。

这个办法就是，想办法尽可能消除“但是”带来的转折感，把新的观点与上一个观点之间的对立降到最小，把转折关系变成一种顺承关系。我们可以尝试以下四种方法，如图 2-2 所示。

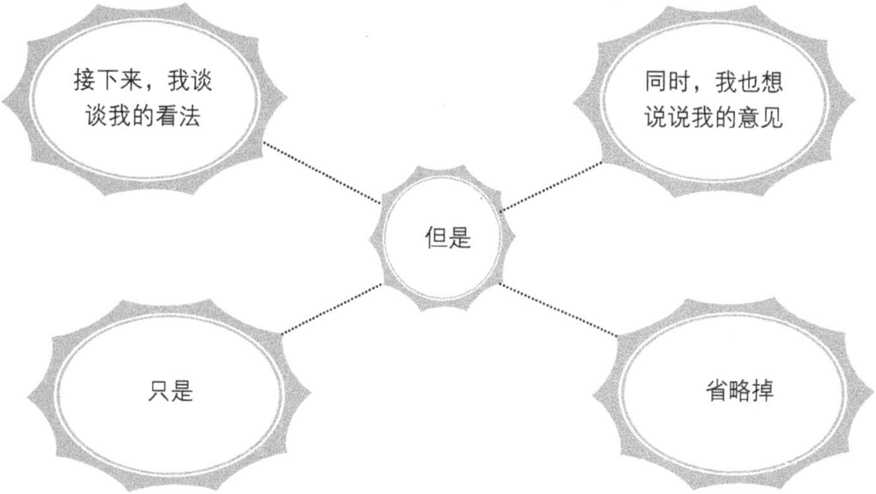

图 2-2　“但是”的四种转换说法

把“但是”变成“接下来，我谈谈我的看法”

在上述的例子中，王晓峰可以这样说：“总经理，我同意公司业绩指标要连年增长。接下来，我谈谈我的看法……”大家可以体会一下，这样的说法不再是和对方的观点相对立，也不是对对方观点的否定，只是表达我的看法，最大限度地降低了对抗性。

把“但是”变成“同时，我也想说说我的意见”

这句话和“接下来，我谈谈我的看法”有异曲同工之处，也是在不否定对方的基础上，心平气和地表达自己的意见和观点。上例中，王晓峰也可以这样说：

“总经理，我同意公司业绩指标要连年增长。同时，我也想说说我的意见……”

把“但是”变成“只是”

我当初写书的时候，曾经和朋友提起写书的事情，没想到他的反应很强烈：“孔子一辈子都没有想过出书立传，老子也不过写过 5 000 字，你凭什么写书啊？”如果你是我，要怎么回答呢？首先，同意我同意的。我说：“你说得对，孔子的文章都是弟子们记录的，老子也不过写了 5 000 字。我一定比不上他们。”第一句话没有问题，接下来要怎么说呢？我接着说：“我只是想记录一下我这么多年讲授沟通课的体会，我觉得我这么愚笨的人都能学会沟通，并且还能讲沟通，别人也一定能做到。我想把我的经验和体会告诉大家。”这段话说完，结果怎么样呢？他并没有感到受到伤害，我也成功地表达了自己的观点，我们还就写书过程中遇到的一些问题交换了意见。所以，把“但是”转换成“只是”，也是一个好办法。

把“但是”省略掉

我现在养成的习惯是不说或少说“但是”，直接进入自己的想说的话。上述例子中，王晓峰还可以这样说：“总经理，我同意公司业绩指标要连年增长。今年我们的确遇到了和每年不太一样的情况……”

总之，你要做的就是尽最大可能和对方心平气和地探讨问题。

2.4 讨论问题总是说不到点子上

情境

田成和孙力一起入职，田成发现经理好几次都采纳了孙力的意见，可是自己几次提的观点都没有被采纳。知道当天下午要开会研究最近客户投诉率高的问题，田成认真做了准备，还把自己的想法打印了出来，心想：“如果经理对自己的意见很赏识，就再交给经理一份文字稿，让经理看看自己的能力。”到了下午开会的时候，田成抢先发言，胸有成竹地谈了自己的观点。他说：“客户投诉率高，我认为主要的问题是客户投诉流程设计得不够合理。我们现在的流程是先由各商品部处理，各商品部不能处理的再交给客户投诉部，客户投诉部不能处理的再交给客户投诉部经理，这样的流程太长，如果改成直接由客户投诉部处理，就可以为客户节省很多时间，也可以避免反复投诉。”讲完这番话，田成看了看经理，发现经理面无表情，也不知道自己说的对还是不对。

接下来，孙力发言。孙力说：“客户投诉率高的问题，经过观察，我发现我们接待客户投诉的人员中新人比较多，像客户投诉部那样经验丰富的接待员比较少。大家在回答问题的时候，说法也不一样，客户满意度不高，所以出现反复投诉的情况。我觉得客户投诉率高的问题主要还是培训不够的问题。”

听了孙力的话，王经理点了点头，说：“孙力说的有道理，我们基层接待员有9个，6个都是新来的，这方面的培训确实需要加强。请人力资源部安排一次培训，让我们经验丰富的老同志把经验都贡献出来，给大家讲讲课。”

情境分析

这个案例当中，田成和孙力面对同一个问题，谈论的却不是一个方面。结果是一个说到了问题的本质，说到了领导的心里；一个没有说到点子上，没有得到领导的重视。

能不能说到问题的本质，一方面影响问题的解决方向和方式方法；另一方面也彰显一个人分析问题、解决问题的能力。

分析问题、解决问题的能力是职场人很重要的能力。李嘉诚说：“每个人的成功都不是偶然的，我之所以能够得到今天的荣耀，完全得益于对问题的分析与解决。每个问题都像一级阶梯，每个解决问题的方法都能帮助你向成功靠得更近。”

分析问题、解决问题的能力也是一个人在职场中形成影响力的主要原因。如果每次你的意见都能够获得重视和认可，慢慢就会成为团队中的意见领袖，大家就会愿意听从你的意见，你的领导力也会逐渐形成。所以，不要错过每次发表自己意见的机会，要力争每次都能说到“点子”上，引起领导的重视。

当然，做到这点很不容易，像上例中的田成也下了很大功夫，但由于没有谈到“点子”上，而没有引起足够的重视。怎么能够每次都谈到“点子”上呢？

深刻认识问题

谈到“点子”上的基础是对问题进行深刻的分析。为此，我们有必要对“问题”进行定义，只有知道什么是问题，我们才能够谈论问题。

如果用两个字来定义问题，问题就是“落差”，理想状态与现状之间的落差，如图 2-3 所示。

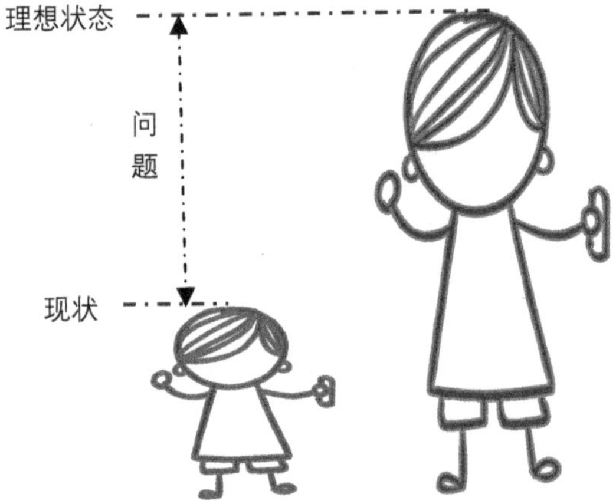

图 2-3　问题的概念

比如，同一个孩子，问孩子的爸爸：“孩子有什么问题吗？”爸爸摇摇头说：“没有”。如果问妈妈同样的问题，妈妈可能说：“哎呀，我们家孩子不好好吃饭，天天吃饭得在后面追着喂。”同样是一个孩子，爸爸觉得没有问题，妈妈觉得有问题，你们觉得问题出在了哪里？孩子的现状当然是一样的，问题出在爸爸、妈妈对理想状态的要求不一样，所以一个认为有问题，一个认为没有问题。通常，领导之所以比普通员工更能够看到问题，就是因为领导对理想状态的要求标准比较高，而且领导对现状的认识也更清晰。所以我们才看到很多领导能够做到高瞻远瞩。

我们知道了问题是理想状态与现状之间的差距，分析问题的时候理所当然地就是首先要明确理想状态和现状，并找到二者之间的差距。

但是，仅仅找到二者之间的差距还不够，要想解决问题，还必须分析问题产生的原因，把产生问题的因素消灭，问题才可以得到解决。就像我们感冒去医院，医生会给我们验血，通过验血查明是病毒性感冒还是细菌性感冒，然后对症下药进行治疗一样。

所以，深刻认识问题要经过三个步骤，如图 2-4 所示。

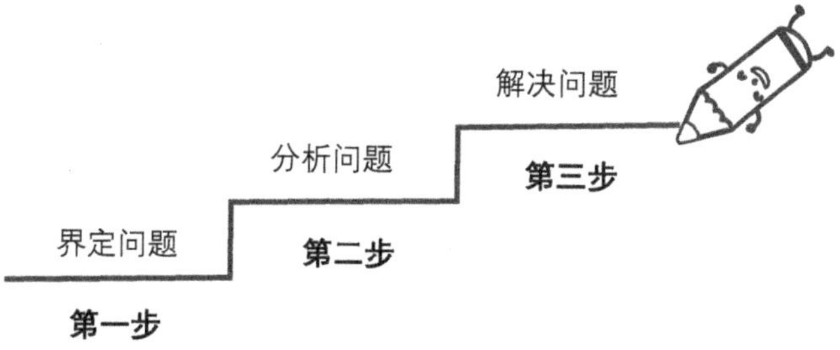

图 2-4 深刻认识问题的三个步骤

第一步：界定问题。找到理性状态与现状之间的差距。

第二步：分析问题。找到问题产生的原因。原因很多，可能有外部的、内在的；有主观的、客观的；有人的问题、物的问题、钱的问题、流程的问题，等等。

第三步：解决问题。想办法把问题产生的原因消除，问题即可获得解决。

找到问题本质

找到问题本质是解决问题的源头。我们对问题分析得越准确，越有利于问题的解决；我们对问题的分析越接近问题的本质，谈论问题的时候越能说到“点子”上。就像我们例子中提到的，田成和孙力对问题产生的原因认识不同，导致了他们分析和解决问题能力的不同。

作为职场新人，大家分析问题和解决问题的能力还不够强，还没有养成追问问题本质的习惯。教给大家一句话，当你每次谈论问题的时候，按照下面这句话的要求填空，就可以强迫自己思考问题的本质，而不是停留在问题的表面或找不对原因。

> 找到问题本质的话术：表面上看这是（　）问题，本质上是（　）问题。

2.5 想得挺明白，说得乱七八糟

情境

市场部和销售部要共同配合完成这次的促销任务，公司为此召开了一次跨部门会议。市场部主管何兵说："上次做情人节活动的时候，我到店里巡视。有的货柜到中午货就不全了，巧克力礼盒摆放也不整齐，没有人管……"销售部主管盯着何兵，问道："你到底想说什么？"何兵说："我想让你们多备点货，免得促销力度挺大，结果销售额不好。"销售部主管说："那你就明说呗，为什么绕那么大的弯子？"

情境分析

何兵的话错在哪里？为什么销售部主管反应那么强烈？第一，何兵在表述的时候逻辑不清楚，可能想得挺明白，但说得乱七八糟；第二，何兵在发表意见的时候包含着对销售部以往行为的批评，这在对方听来就带着情绪，容易引起对方的反感。

我们在表达的时候首先有**一个基本的原则，即沟通一定是"利他"的。**

人与人沟通不是自言自语，如果信息不能很好地送达对方，让对方接收到，那么信息的输出就是失败的。所以，我们在表达的时候，不仅要思考自己怎么说，还要思考对方怎么听。

发表意见只说三段就好：结论+理由+行动（见图 2-5）

图 2-5 发表意见三段式

第一段：说结论

一个人是怎么接受信息的呢？我们在接受信息的时候，总是一边听，一边归纳总结，一边问自己："他到底在说什么？"也就是说，我们虽然关注细节、过程，但我们更关注结论。所以，如果想让对方在最短的时间内高效率地接收到信息，最好的做法是把结论说在前面。比如，在上面的例子中，如果何兵先说"为了让促销效果更好，希望销售部能够比平时多铺货 30%"，销售部主管也就知道他要表达的核心观点了。

第二段：说理由

当我们听到一个结论的时候，又忍不住会产生疑问："为什么是这个结论，而不是别的结论？"这时候，就需要配合相应的理由，以说服对方接受你的观点。还是上面的例子，何兵说"多铺货 30%"，销售部主管一定会产生疑问："为什么要多铺货？为什么是 30%而不是 20%、40%？"所以，接下来顺理成章地要回答听者的疑问，也就是要阐述理由。

在阐述理由的时候说三点就好。因为一点、两点过于单薄，说服力不够；五点、六点又太多，显得臃肿。三点既不啰唆，也显得比较丰富。从道家来讲，三生万物，宇宙中的万事万物都是由天、地、人三才创造的。三代表多数，所以讲三点比较恰当。上例中，为了回答销售部主管的疑问，何兵可以这样说："第一，货品丰富能激发消费者的购买欲望；第二，货品丰富也可以做出更多样的商品陈列；第三，经过测算，多铺30%的货品基本就可以满足销售的需要。"

第三段：说行动

结论、理由都有了，接下来要说的是希望采取的行动。上例中何兵就可以这样说："希望可以获得销售部的支持，多备一些货品。"

三段式表达方式的适用范围

这样的表达方式适用的范围很广，可以用于提出建议，可以用于讨论问题，也可以用来劝解他人。

提出建议

公司开会讨论新员工培训计划，你的意见是增加参观新厂的部分。你要怎么表达呢？可以这样说："关于新员工培训内容，我建议增加新厂参观的部分。因为这样做，第一，有助于新员工更好地了解我们企业；第二，有助于建立新员工的归属感；第三，让新员工有直观、清晰的认识，比讲解效果更好。所以，我建议安排一次新厂参观。"

讨论问题

因为高温天气，某建筑施工企业开会讨论要不要缩短员工工作时长的问题。张总的意见是缩短员工工作时长，王总的意见是不缩短工作时间，他们怎么有效表达呢？

张总可以这样讲："我认为可以缩短半小时工作时长。因为长时间在高温天气作业，会使员工非常疲劳。第一，会降低劳动效率，第二，会增加安全风险，第三，会增加员工的离职率。所以，我建议增加员工的午休时间半小时。"

王总可以这样讲："我的意见是不缩短工作时间。第一，缩短工作时间，工期会受影响，企业面临损失；第二，很多员工出来工作都希望多赚钱，缩短工作时间会降低员工收入，员工不愿意接受；第三，减少高温天气对员工的伤害还有很多种方法，可以考虑多种方案。所以，我建议大家考虑一些替代方案。”

劝解他人

小梅要辞职，你觉得这时候不适合辞职。用精准表达法可以这样讲：“小梅，我觉得你可以再考虑一下辞职的问题。第一，马上年底了，很多公司现在还没有招聘计划，你辞职后不一定能马上找到工作；第二，你在这家公司只工作了一年，刚刚熟悉工作，能力还没有获得提升就走人，对你来说是一个损失；第三，大家对频繁跳槽的人往往都会有些看法，觉得稳定性不够，可能影响你未来的职业生涯。所以，你还是在这家公司再多工作一段时间比较好。”

2.6 明知道别人不爱听，还得说

情境

学员小严毕业之后在某银行信贷部工作，做得还不错，积累了一些客户资源，也能比较好地完成任务，和同事关系也很好，他已经爱上了这个集体。

有一天，主管他的副行长找他，开门见山地和他说：“小严，领导班子研究决定把你调到昆山支行去工作。”小严一点儿心理准备都没有，第一反应就是：“领导，我在这里干得挺好的，可不可以不去？”领导很耐心地和他说：“小严，把你调到那里去，是为了你好。那是我们最好的支行，你就去吧。”无奈，小严只好离开了领导办公室。

回家想了两天，小严还是觉得不甘心，又一次找到领导谈这个问题，领导再次和他说：“你就放心去吧，领导还能害你吗？”小严只好带着不解和怨气调走了。

学习了我的沟通课之后，小严说：“如果领导当时的表达能够艺术一些，我就不会那么纠结了。”事实证明领导把他调过去，的确是对他负责，但当时真的让小严很难接受和理解。

情境分析

的确，在生活和工作中，都有会这样的时候，就是明知道自己说的别人不爱听或接受起来有难度，还必须说。怎么说，对方才能接受呢?

如果对方听了你的结论，第一反应是不同意，那么他就会进入防御模式。这时候他在大脑中会建立起和你不一致的意见，接下来他就会一直为自己的意见找依据，而不是听你的意见。而且如果他持相反意见，你后面的所有理由在他看来不过是借口，所以，更难接受你的意见。这时候，为了避免在一开始就造成对抗，我们要变换讲话的方式。

> 让对方更愿意接受意见的方式：理由在前，结论在后。

适合把结论放在后面的两种情况

结论对于听者来说比较不容易接受的时候

比如，调整员工的工作岗位、给员工增加工作量、争取本部门利益可能对其他部门产生影响的时候等。这时候，最好把理由说在前面，让对方一点一点接受你的观点，否则可能因为一下子接受不了结论而失去倾听理由的机会。

年底，各个部门都要评选一个优秀员工。宣传部针对此事召开部务会。张副部长提出，林西一年工作很辛苦，成绩也很突出，符合优秀员工的条件，同意推荐林西为优秀员工。程副部长认为林西去年已经当选过优秀员工了，今年张倩的工作也很优秀，应该给张倩一次机会。如果你是程副部长，你要怎么说?

第一种表达方式：

程副部长："我认为今年的优秀员工应该给张倩。因为，第一，张倩这一年来克服了孩子小的困难，和其他同志一样加班半点，从来没有因为家里事情耽误过工作；第二，张倩今年负责的工作任务在部里是最重的，工作量大、要求高。张倩积极肯学，进步很大，几次受到上级机关的表扬；第三，林西去年已经得过优秀员工了，应该让其他同志也有机会受到激励。”

第二种表达方式：

程副部长：“我非常同意张副部长说的，要把优秀员工的称号给真正优秀的员工。今年在评选先进的时候，如果能从以下三点考虑，我觉得更能调动大家的工作积极性。首先，今年工作任务明显比以往重的员工；第二，取得进步比较大的员工；第三，给一线员工更多机会。不知道张副部长是否同意我的意见？如果张副部长同意我的意见，我建议考虑一下张倩。”

你觉得哪种说法更好？为什么？

第二种表达方式没有先说结论，而是把结论放在了最后，这就避免了观点的正面交锋，降低了语言的对抗性，更有利于双方充分表达。

希望对方自己得出结论的时候

当试图给出建议或批评对方的时候，我们应该用一种缓和的语气与对方交流，希望以一种含蓄的方式让对方自己意识到需要改进。这时候，如果先给出结论，对方会本能地进入防御状态，就像一个肌肉紧绷的人无法按摩一样，进入防御状态的人也是听不进去建议的，因此要把结论放在后面。

我们来体会一下。公司新来的员工张玲工作还算努力，但有个毛病，自己的工作做完了，喜欢四处聊天。王经理几次在办公区路过，都能听到张玲在聊天，王经理想找张玲谈谈。

第一种表达方式：

王经理：“张玲，我希望你少在工作的时间聊天。既影响自己工作，又影响别人工作，还带坏了部门的工作风气，你以后要注意了”。（结论在前面）

第二种表达方式：

王经理：“张玲，我发现你的工作速度很快啊！自己工作做完了，有时候会到其他人的工位去聊聊天。和同事增进感情是好事，但也要注意，工作时间多聊些工作上的事情，你说是不是？”（结论放在后面）

这样把理由放在前面，仿佛剥洋葱一样，一层一层剥开，然后给出核心的结论，更利于对方接受你的观点，显示出高超的谈话技巧。

理由在前、结论在后的两种具体说法

第一种说法：理由直接放在前面

这种方法是直接把理由放在前面，如本章开头的那个案例。主管行长找小严的时候，可以把理由说在前面，而且理由要很充分。可以这样讲：“小严，你是我最看好的年轻人，在咱们行的年轻人里面也是出类拔萃的。你这么好的苗子，一定要放在最合适的位置上，一定要给你成长锻炼的机会，否则就是我们的失职。昆山支行是管理最规范、客户资源也比较好的一个支行，如果把你调到那里去，用不了几年的时间，你很快就能独当一面了。行里也是反复研究，舍不得你走，又怕耽误了你的发展，最后忍痛割爱，决定把你调到昆山支行去。”

第二种说法：在前面设定三个条件

你去商场逛街，没有什么特别明确的购物目标。看到有一家服装店铺陈列很漂亮，于是你走了进去，服务员马上跟了过来，问道：“姐，您是看大衣还是毛衣？”你本来没想买什么，被她一问，突然想起来，自己的大衣已经穿了好几年了，看看大衣也行。于是你说：“随便看看，有好看的大衣吗？”服务员说：“一看您就是注重品质的人！这个季节买大衣，我觉得最好符合三个条件，第一要穿着不臃肿、好看；第二要保暖；第三要看上去有档次。姐，您觉得我说的对不对？”你可能用鼻子“嗯”了一下。服务员又说：“我们这儿正好有两款大衣都符合这三个条件，您是试红色的还是驼色的……”最后走出商场的时候，你拎了一个大袋子，里面是一件大衣。

服务员运用了什么技巧，让你很容易地接受了她的建议呢？在前面设定三个条件。当把三个条件放在前面的时候，就给讨论设定了方向。一旦对方同意你的条件，就很难不同意你的结论。这种方法不会让对方产生压迫感。

我们在发表意见的过程中要想说的委婉，也可以运用这个方法。比如，领导开会，给你布置工作任务，你认为自己能力不够，不想接受，但当着全体员工的面，如果直接否定领导的意见，会让领导下不来台。这时候，就可以用到设定三个条件的方法。你可以这样讲："领导，我非常同意您的意见。如果想把这件工作做好，这个人最好符合三个条件：一是以前从事过类似的工作；二是对公司总体业务情况比较熟悉；三是和政府部门联系比较密切。从这三个条件看，我并不是最合适的人选。但如果领导一定要交给我，我也会尽力做。"

在前面设定三个条件是一种非常好的委婉表达自己意见的方法，适用于很多场合。

比如，家里要买车，夫妻二人为了买什么类型的车而争执。一个要买经济实用型，一个要买豪华型。你就可以这么说："以我们目前的用车情况看，最好选择这样的车，第一是省油；第二是舒适；第三是价格不要超过我们的承受能力。"

再如，你经营的项目是文绣，也就是文眉、文眼线。顾客来了，你也可以运用这个方法为顾客介绍。"选择做文绣的美容院，我觉得最好符合三个条件。一是安全；二是做出来的眉形自然、好看；三是做完恢复快。"如果三个条件顾客都认同，再介绍文绣服务的特色等，顾客更容易接受。

设定三个条件的标准话术一共分为三个层次，如图 2-6 所示。

这个方法非常好用，但也需要一定的技巧。

1. 设定的三个条件一定是大家普遍都能认同的，不会引起歧义。如果你说"选饭店口味越辣越好"，估计被认同的可能性大大降低。

2. 结论应该是符合三个条件的。否则就不符合一致性原则，会引起听者思维的混乱。

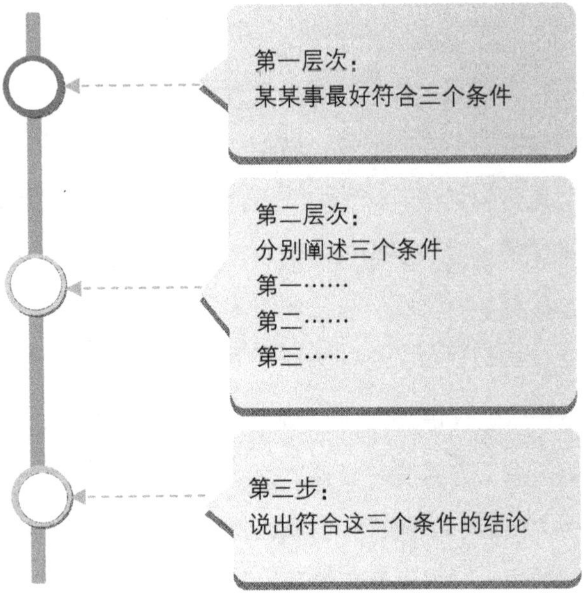

图 2-6　设定三个条件的标准话术

3. 如果不确定设定的三个条件是否也是对方关注的，可以用提问的方式，了解对方的观点。比如，文绣时可以这样问顾客："您做眉毛时比较看重什么？"顾客可能说："当然得褪色自然，不能看上去像躺了两条虫子。还有，不能一个高一个低，太难看了。嗯，还有，不能疼"。这时候，你就可以说："您说得太对了。好的文眉一定要符合这三个条件，第一，褪色要自然；第二，要对称；第三，要不疼。那您是找对了，我们的产品完全符合这三个条件。"

4. 具体步骤是先说出三个条件，获得对方的认同后，再解释理由。

2.7 和上司有不同意见怎么办

情境

在设计一个生产工艺的时候，你精心设计了 A 方案，而且认为自己的方案万无一失，是最完美的方案。在方案汇报会上，你自信地说出了自己的方案，并且希望获得领导的认可。

结果出乎意料，部门经理听完你的方案之后，说你的方案存在致命的错误，过于理想化，不现实。部门经理在你的方案基础上做了修改，重新出了一个方案。你感觉很不服气。你认为经理的方案太过于保守，也比较复杂，远没有你的方案简单、有效。

会后，你另找时间，又和领导说起这件事，还是强调自己的方案更加合理。经理笑了笑说："小伙子，勇气可嘉，不过这次先按照我说的做。"

情境分析

在工作中，我们经常会遇到和领导意见相左的时候。这时候，作为职场新人特别容易冒进，也特别希望展示自己，就会出现想把自己的意见强加给上司的情况。

作为职场新人，你必须明白，上司做出的决策一定有他的道理。下属与上司考虑问题时的区别如图 2-7 所示。

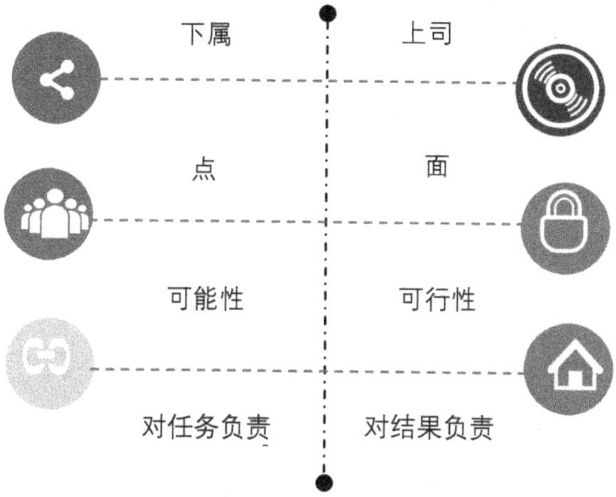

图 2-7　下属与上司考虑问题时的区别

下属考虑的是一个点，上司考虑的是一个面

一个新人进到一个单位、一个系统，并不了解自己在整个体系里面的位置和作用，所以只能看到自己工作的一个点。而上司管理的是一个或几个部门，是一个面，接触的范围也更大。所以，上司考虑问题的时候更习惯从全局角度考虑，既会考虑这项工作在全局中的位置，也会考虑这个决策对全局的影响，更会考虑本部门决策与其他部门之间的关系。

下属考虑的是可能性，上司考虑的是可行性

我曾经到一家企业去调研，企业副总和我说，总经理在决策的时候显得过于保守，很多应该及早下决心的事一拖再拖，在他看来错过了最佳的决策时机。后来我和这位总经理聊起关于决策的话题，他说了一句让我印象很深的话。他说："下属考虑的是可能性，而我考虑的是可行性。"可能性就是可能行也可能不行，而在上司看来一个决策只能行，不能不行。所以，上司会谨慎地考虑、权衡，按照可行性的标准来进行决策。

下属考虑的是对任务负责，上司考虑的是对结果负责

在工作中，下属考虑更多的是尽快完成任务，而上司除了考虑完成任务外，还必须达成一定的结果。因为没有结果，一项工作付出再多都不会产生价值。好比做一件衣服，下属考虑的是把衣服做出来，上司考虑的是既要把衣服做出来，又要卖出去，还得能收回钱。

正是以上这些差距，导致上司和下属在考虑问题的时候，思考的角度不一样、达成的目标不一样、采纳的办法不一样。所以，如果上司最终的决策与你的想法不一样，你要做的不是抱怨，而是多从上司的角度去理解。

> 作为一个新人，你还必须明白，上级的决策是用来执行的。

如果和上司的意见不一致，并且在上司已经做出了决策的情况下，你一定要不折不扣地执行。不要对上司的意见指手画脚，不要消极怠工，不要旁观看热闹。**你只需要说一句话："好的。领导，我马上按照您的要求去办。"**

如果你有困难和其他建议，请在说完这句话之后，再和领导探讨。可以这样说：**"好的。领导，我马上按照您的要求去办。现在有这么个情况，需要您知道……"**

第3堂

多倾听、少评判

——聆听对方内心声音

3.1 我说东，他说西，就是不在一个频道上

情境

学员曾经给我讲过这样一件尴尬的事情。同事 A 和他抱怨工资少，工作量大。当时正好同事 B 也在场，他半开玩笑地说：“B 比你工作年限长，工资和你一样多，别抱怨了。”结果两个人都不理他了，他突然意识到自己说了错话。他错在了哪里？错在他根本没有听懂 A 话语里的情绪和诉求，还连带伤害了 B。

情境分析

现在有一个流行词叫作“尬聊”，即尴尬地聊天，气氛降到冰点。这位学员的聊天方法可以称作“尬聊”了，首先他在对话中没有关照到 A 的情绪，说“别抱怨了”；其次隐含着对 B 工资低的嘲笑。虽然是一句玩笑，但是大家都不爱听，谈话陷入停滞状态。

很多人以为没说对话是因为不会说话，其实很大程度上是因为压根就没听懂。没听懂是不就是情商差？不完全如此，有一些主客观因素影响了信息的接收。

认知差距

有一次儿子选了几个词，让我猜是什么意思。“打野”“黑店”“超神”“超鬼”“大蓝药”“集火”，这些中国字我都认识，但除了黑店之外，其他我都不知道是什么意思。我说：“黑店是不是卖人肉包子的店？”儿子哈哈大笑，说：“妈妈你过时了，这是打游戏的时候说的话。”原来打游戏也有自己的语言。于是，我也知道至少在游戏这个问题上，我们很难再交流了，因为他说的我完全听不懂。这就是认知差距。由于知识水平、文化程度、经验及价值观等的差距与限制，大家对同一词汇的理解出现了偏差。

认知差距是客观存在的。一个医生给文化水平低的人讲医学术语，对方很难听懂；一个理工科的男生给学文科的女朋友讲可编程控制器的原理，估计女方也听不懂。

关注重点

我出去旅游用蓝牙快门自拍，朋友看了我的照片都很喜欢，于是我给四个好朋友每人寄了一个蓝牙快门并说："收到后记得拍照分享哦！"结果，其中一位朋友给蓝牙快门拍了照片发了出来。我当时看到吃了一惊，因为我的预期是让她晒用蓝牙拍的照片，而她晒的是蓝牙快门本身。

看看，由于大家的关注点不同，也会影响对语义的理解。在拍照分享这件事上，我关注的重点是用蓝牙快门拍摄的照片，而她认为我关注的重点是蓝牙快门。

还有一次，儿子问我："妈妈，约数是什么意思？"我说："这么简单的问题还用问吗？约束就是我管着你、限制你啊！"结果儿子说："妈妈，我问的是数学里的约数。"

这说明由于关注重点不同，我们在信息解码的时候出现了问题，你接收到的只是你想接收的信息，而不是对方发出的真实信息。

信息筛选

孩子小的时候贪玩，玩起来常常忘了时间。为了说得委婉一点，我和孩子说："好孩子要注意劳逸结合，学习和玩的时间要合理分配。"结果儿子说："太好了，我现在要'逸'一会儿了。"本来我说这段话的目的是提醒孩子玩的时间够长了，该学习了。孩子却筛选了对自己有利的信息，认为自己应该休息了。

这从心理学上来讲是有道理的，每个人都有选择性地吸纳并且使用信息，如格式塔治疗运动的创始人福里茨·帕尔斯所说：**"这个世界的图像并不是自动进入我们大脑的，而是有选择的。我们不是在看，而是在寻觅着什么。我们不是听见世界上所有的声音，只是在听。"**但是，信息筛选往往会让人错过聆听他人的机会。

大脑厌倦

几乎所有的学生都在课堂上溜过号，“人在曹营心在汉”，身体虽然在课堂上，大脑已经开始神游。我上学的时候常常为自己溜号错过了聆听而悔恨，后来长大了，才发现溜号是正常的。

根据科学统计，大脑处理文字的速度是 400 字/分钟，耳朵聆听的速度是 158 字/分钟。而另一组研究表明，一般人说话的速度是大脑思考速度的 1/4，也就是别人说一句话时，我们的大脑大约可以想四句话之多。因为大脑处理信息的能力远远超过了说话速度，尤其是那些讲话很快的人，大脑处理信息的能力和速度会更快。所以，我们的大脑会有足够的空间在别人讲话的时候开小差。

如果身体很疲倦或对对方的话完全不感兴趣，大脑进入疲倦状态，也会遗漏很多信息。

个人偏见

偏见是指根据一定表象或虚假的信息做出判断，从而出现判断失误或判断本身与判断对象的真实情况不相符合的现象。由于偏见的存在，人们在理解信息时会从个人的偏见出发，就像给对方事先套了一件我们选中的外衣一样，不能看到其真实的样子。大家是不是有这样的体验？你喜欢的人说什么都好听，哪怕是批评你的话；你讨厌的人说什么都不爱听，即使是赞美你的话。这就是个人偏见。

情绪化

当一个人处在极端情绪中的时候，无论是极度愤怒、极度抑郁还是极度兴奋，都可能出现听不见或听不懂的情况。比如，你忙碌了一天，一身疲倦地回到家里，看见你的爱人正躺在沙发上玩手机，还没有做饭，你的气不打一处来。这时候，孩子说：“妈妈，我在幼儿园，老师表扬我了。”可是你的情绪还在愤怒中，也许你会强压怒火，说：“自己玩去吧，妈妈还要做饭呢！”但是，孩子受到老师表扬的话和孩子话语里的需求你都没有听见。一个处在高度情绪中的人，倾听的通道也被堵塞了。所以，情绪也会影响倾听的效果。

一个普通的人靠本能活着，而一个优秀的人则能够不断突破本能。所以，如果你希望不断精进，就要超越本能，克服影响倾听的这些因素，并且让它们为你所用。

3.2 我明明听了，对方居然生气了

情境

关翎在单位负责前台接待工作，有一天，领导交给她一项临时工作，让她打印一份材料，要求在两小时内完成。

关翎一直想找机会从前台转到秘书岗，所以很重视领导交代的这项工作，回到前台就开始打印。因为过于投入，门口进来人也没听见，直到有人喊她："小姑娘，小姑娘！"一抬头，是一位年龄很大的大爷，关翎一边看材料，一边手不停地在打字，一边问道："请问您有什么事吗？"半晌，那位大爷说了一句："小姑娘，你和人说话，怎么都不看人啊？我是空气吗？"关翎放下手里的工作，站起来说："大爷，您找谁？"大爷这才气哼哼地说了一句："我找你们总经理，我是你们总经理的爹！"然后一甩手，就直接进了办公区。

关翎呆了一下，赶紧追上去……

情境分析

倾听的问题，我们在工作中、生活中都经常遇到。你一定曾经像关翎一样忽略过别人的话，也曾经像大爷一样被忽视过。

假设你今天在单位遭受了委屈，本来不是你的错，结果老板不由分说，当着很多员工的面批评了你。回到家后，你特别想把内心的委屈向你的爱人诉说："我

今天遇到了一件特倒霉的事。”这时你注意到你的爱人两只眼睛盯着手机，正在回复信息，并且随口“哦” 了一声，你现在的想法是什么？你是想继续和他说下去，还是告诉他先放下手机听你说，又或者一点儿也不想说了？

假设你和同事就某项工作交换意见，同事一直在看材料，然后对你说“你说吧，我听着呢”，你想说吗？

我相信，很多人会选择沉默，不再说话，因为没有被倾听，让人感觉到被忽视，甚至是被羞辱。

这说明倾听绝不仅仅是用耳朵听，倾听需要动用全身的感觉器官去听。**你的听觉、视觉、味觉、嗅觉及触觉一起参与了倾听的过程，**如图 3-1 所示。

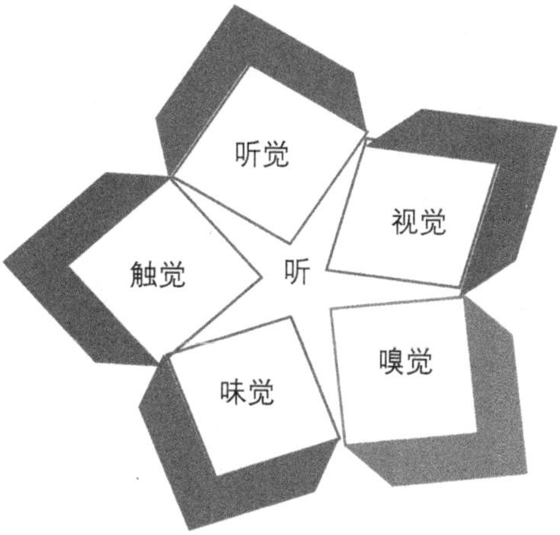

图 3-1　五觉都参与倾听

想一想你的五觉是如何参与倾听的呢？

现在看着远方，想象这样一个场景。在一间灯光微暗的咖啡馆里，阳光透过窗户洒在桌面上，棕黑色的桌子上铺着一块花朵图案的桌布，桌子上靠窗的位置有一个透明的花瓶，花瓶里有一束粉红色的玫瑰花，一对青年男女正在交谈。女青年轻轻搅动着咖啡，脸上带着笑容，男孩看着女孩一直在说话。

当你读完这段话之后，你觉得五觉是如何参与倾听的？

倾听中，人的听觉一定在不断地对声音进行识别，但又不仅仅是用耳朵在听。比如，气味会影响你的倾听，愉快的气味会让你更愿意投入，更愿意和这个人亲近；而不喜欢的气味则会让你心烦意乱，不能投入。再比如，触觉，你和你的恋人手拉着手说话，是不是让倾听变得更有趣味呢？你和你的恋人共进烛光晚餐，美食也就是味觉，让你的大脑变得更快乐，你的倾听也会更快乐。

人的视觉当然也时时参与到倾听中去，不断地在看、在观察，并且通过观察确认对方是否在听。培训师在讲课的时候常常要面对几百名学员，在大礼堂里，是不可能和每个学员一一交流的。培训师是怎么知道他们有没有听课的呢？就是通过看，如果学员的身体都是前倾的且目光一直跟随着老师，那就是听进去了，可以按照原来的思路继续讲；如果学员东倒西歪、东张西望，说明学员对这段内容的兴趣不大，或者老师讲得不够精彩，需要适当调整了。

中国有句古话"眼见为实"。人们更相信眼睛看到的。所以，如果你一边打字一边和别人说话，虽然你说你听了，但是对方的眼睛会告诉他，你不愿意听。

所以，倾听是五觉和大脑综合参与的过程，任何一个部分都不能忽略。

练习倾听，第一个环节就是要让对方知道你真的愿意倾听，你真的对他感兴趣。怎么让他知道你在听呢？

刻意练习

想象你对面坐了一名异性，他的哪些表现让你认为他没有倾听呢？

A．眼睛一直在看手机。

B．他的身体努力地倾向你的方向。

C．腿一直在抖，像踩了一台缝纫机一样。

D．他全神贯注地看着你。

E．一边看书，一边说："你说吧，我听着呢！"

F．你说话的时候，他的眼睛一直凝视着眼前的花瓶，而不是你的眼睛。
G．他的眼睛看着你，但手指头一直敲击着椅子扶手。
H．你看到他在点头。
I．他的脸上没有笑容，听你说到好玩的地方，也只是咧了咧嘴角。
J．他的眼神一直在鼓励你说下去。
K．你在讲述悲伤的往事，但对方面无表情。
L．当你快乐的时候，对方也和你一起笑了起来。
M．当你讲述的时候，他说："哦，这样啊！"
我相信你有了自己的选择。其实，你不喜欢的也是别人不喜欢的。

让对方知道自己在听，无非做到以下几点。

身体的姿态

如果你和一个人在对话，你希望他是身体前倾还是后仰？

前倾 □　　　　　后仰 □

身体前倾是一种非常积极的肢体语言，告诉对方你对他的话很感兴趣，你对说话的人也很感兴趣，这样才能激发对方的表达欲望。身体后仰是一种非常傲慢的姿态，想象你正在和一个身体后仰的人说话，你的心里是什么感受呢？感觉到屈辱、不受重视。所以，身体前倾的姿态是倾听的第一姿态。

在倾听时也不要有多余的动作，就像案例中一样，关翎低头看材料，手不停地在打字，来访的大爷会失去倾诉的欲望，因为肢体语言已经暴露了倾听者内心的想法。所以，尽管你也可以分辩"我在听啊，我的手在忙，可是我的耳朵很闲，你说吧！我都能听到"，但事实上，你的肢体语言已经让述说者失去了倾诉的欲望。

柔和的眼神

我曾经遇到三位令人印象比较深刻的学员。一位是女大学生，在非常好的大学读书，但有一个问题，无论是我和她说话，还是她和我说话，她总是低着头，偶尔看我一眼，眼神就迅速地躲开了。还有一位男学员，大约 50 岁，我在和他说话的时候，他可以很正常地与我进行目光交流，可一旦轮到他和我说话，我就发现他的眼神是游离的，不敢和我直视。还有一位年轻的男学员，刚刚大学毕业，他在听课的时候会一直盯着我看，目不转睛。前两位学员在交流时目光接触时间过短，显得不够自信；后一位学员注视的时间又太长，显得没有礼貌。

倾听时要用专注、柔和的目光注视对方。目中无人，说的是眼睛里没有别人，形容狂妄自大或看不起人，这样的人在沟通中往往是不受欢迎的。因此，沟通中的眼神交流非常重要，要努力做到目中有人。

在注视的方向上，尽量保持平行注视，即双方的目光在一个平面上；在注视的位置上，不是在对方的全身游离，而是注视对方眼睛至前额的三角区；在注视的时限上，不要目不转睛地盯着对方一直看下去，目光交流的时长应该占总谈话时长的 30%~60%，其余时间可以移至整个面部或看看周围的事物。

注视的目光要柔和、稳定，不要上下打量对方，因为上下打量意味着挑剔和审核；也不要眼珠来回乱转，因为眼珠乱转会让人感觉心绪不宁；也不要目光躲闪，因为目光躲闪代表不自信或说谎。

适当的表情

你最好的朋友和你说他失恋了，你尽可以笑着说：“哈哈，我早就知道有这么一天！”因为你们之间足够亲密，你可以用笑来帮助他消除痛苦，当然，开过玩笑之后，还是需要与他共情的。但如果是关系不是那么亲密的朋友，你的大笑就显得不合时宜，会让人很不舒服。如果对方和你说“我今天中奖了”，此时你面无表情也不对。适当的表情是指表情应该与交谈时的氛围、对方的情绪相吻合。如果谈论的是很开心的事情，应该做出微笑甚至大笑的表情；如果谈论的是很悲伤的事情，应该配合以同情的表情。

做出表情的前提是理解对方的情绪并且共情。

积极的回应

有一次和一个朋友通电话，我一直讲一直讲。突然，我意识到她好像有好几分钟没有说话了，于是我很紧张地问道："你还在吗？在听我说话吗？"她说："当然在，我一直在啊！"我说："你怎么不说话啊？我还以为你睡着了呢！"我为什么会问对方还在不在呢？因为我们在通电话，看不到人，所以就必须听到声音，才能知道对方是否还在听。同样，面对面的沟通也希望不断听到对方的回应，因为没有回应意味着没有反馈，没有反馈，倾诉就会变得没有意义。

在交谈中，为了让谈话能进行下去，进一步激发对方谈话的兴趣，必须有一些回应。回应可以是肢体语言的回应，比如，同意对方的话，可以点头；不赞成对方的话，可以摇头，等等。回应还可以是表情上的回应，比如，听到有趣的话、有趣的事露出微笑；听到不开心的事皱紧眉头，等等。回应还可以是声音上的回应，比如，在对方说完一段话的时候，可以说"嗯""是吗""哦""这样啊""你是这样想的"……

专注的大脑

某位学员说："某次开会，我马上要上台讲话，心里一直都在酝酿台词。这时候货品主管找我非要和我说两句话，听完我回答'知道了'。印象中她和我说了关于某店货品的事，后来我也没在意。过了两天，我到店里陈列，发现货没到全，被迫只能第二天再陈列，造成陈列师、店长、员工当天的工作全部改变。我突然回忆起，那天她和我说的应该就是到货时间。我后悔不已。"这个例子说明，我们在倾听的时候，需要大脑也是专注的。

3.3 我干的，和领导要的不一样

情境

你到领导办公室去汇报工作，领导针对你的问题做了指示，你怎么做才能让领导知道你听懂了呢？

A：领导，我明白了。

B：领导，我马上按您的要求去做。

C：领导，关于这个问题，您有这么几个要求，我说说，您看看我理解的对不对？

D：好的。

你会选择哪种做法？

情境分析

在实际授课过程中，大家对这个问题的理性反应是应该选择 C，但做的时候往往会采取另外三种做法。另外三种做法表面上看也理解了领导的意图，但常常出现信息偏差。

小琳在单位负责商品管理，有一次领导和她说："客户的订单开两张出货单，一张是 10 件货，一张是 1 件货。我用红笔标注出来了，你重点看一下，别弄错了。"小琳说："好的，知道了。"她开完出货单，领导又看了一下，看完之后很生气地说："我不是告诉你开两张出货单吗？还特意用红笔标注出来了，你怎么还是开一张？"

你犯过小琳的错误吗？你认为自己听懂了，是不是真的听懂了呢？这还真是个问题。在沟通中仅仅听了还不够，还要用适当的方式告诉对方你听懂了。

你知道自己听懂了，可是对方怎么知道呢？我在实践中总结了几种简单实用的方法。而且，为了帮助大家理解并掌握这些方法，我设计了相应的练习，希望你可以真的练一练。

重复

重复就是指当我们听到对方的话之后，把对方的话重复一遍，就像复录机一样。

在一家幼儿园讲倾听课的时候，两位老师分别扮演家长和老师，他们的对话是这样的。

家长："我家孩子原来的那个幼儿园，窗户比较小，通风不好，屋子里太热。"

幼儿园老师："您说孩子原来的幼儿园窗户比较小，通风不好，屋子里有点热。"

在这个案例中，幼儿园老师只是重复了对方的话，并没有做任何加工。扮演家长的老师说，对方的话让她感到自己被认真倾听了，而且觉得对方非常理解自己，很感动。

所以，在倾听中只是简单地重复就会让对方很开心。

刻意练习

假如你是营业员，有顾客来退货，怎么让顾客知道你听懂了？

顾客：我从你这买的热水壶，刚买回去一天就坏了，我要求退货。

A．我知道了，马上给您看看。

B．您是说，这个热水壶是昨天从我们这买的，回去就坏了，您想退货，是吗？能和我说说您用的时候出了什么问题吗？

C．明白了。

D．您用的时候出了什么问题？

你会选哪个答案呢？

复述

重复是完全把对方的话再表达一遍，复述则是用自己的语言把对方的话重新组织一遍，再说给对方听。

领导："小王，后天要开会，今天你去后勤部领一些办公用品。纸杯 100 个，桌布 20 个，桌牌 14 个。再到会议室检查一下设备，看看空调、投影仪是不是好用？白板还在吗？有白板笔吗？再看一下座位是不是够 100 人用。"

小王："领导，您刚才交代了这么几件事，我说一下，您看看有没有遗漏？主要是去两个地方，一个是去后勤部领办公用品。领纸杯 100 个，桌布 20 个，桌牌 14 个。另一个是去会议室检查设备。检查空调、投影仪、白板和白板笔，还有座位。我的理解对吗？"

要怎么来复述呢？要复述对方语言中的关键信息，注意归纳总结对方的思想，尤其是结论。在表达的时候，按照结论先行的原则对对方的话进行复述。

张总："从去年开始，你们公司给我们供应了一部分设备。一线人员在操作这些设备的过程中出现了好几次误操作的情况，有一次员工的手差点被切了下去，太吓人了。另外，这些设备还会自动跳闸，转着转着自己就停了。今年坏了一次，要维修还没有配件，寄了半个月才到，太耽误事了。"

小李："张总，我听您刚才说的是对我们公司的设备有一些疑问。有操作的问题、跳闸的问题、维修不及时的问题。"

复述就是告诉对方你在认真倾听，又对听到的信息进行了确认。

刻意练习

领导："小王，昨天梁总说他要在明天下午开会，你再和他确认一下时间和参加人员，看看什么时候发会议通知？再问问他有要下发的会议材料吗？另外，把会议室的设备提前准备一下，上次那个投影仪好像有点儿问题。你去的时候，顺便把这个文件带过去，等他签完字再带回来。"

如果你是小王，你会怎么说，让领导知道你听懂了呢？

确认

当你担心对方对接收到的信息理解有偏差的时候，可以进行确认。

在职场中，我们经常看到由于没有对领导的指示进行确认，就按照自己的理解去做事，结果出现偏差的事情。

张总嘱咐办公室的文员小王："小王，帮我去买一个适合记手账的笔记本。"小王刚毕业，对手账完全没有概念，也不敢多问张总。于是自己一个人去了文具批发市场，到了那里之后，小王就傻眼了。手账笔记本实在是太多了，各种风格都有，尺寸规格也很多，实在不知道买哪个好。但是，他想如果因为这点儿小事反复问领导的话，领导会不会嫌自己没有能力？于是反复掂量，考虑到领导是男性，事情又很多，最后选了一个 B5 大小的 100 页的牛皮面笔记本。小王忐忑地把笔记本交给张总，张总看了看说："没有小尺寸的吗？我想出差也可以带着。"虽然张总并没有责备小王，但小王还是感觉事情没有办好。

作为员工，接受任务的时候应该主动对接收到的信息进行确认，并且最好延展一下，考虑到可能遇到的问题，用提问的方式使信息更准确。比如，这个案例中，小王应该问张总："您需要一个多大的笔记本？您比较看重哪个细节？您喜欢什么颜色？"然后把领导提供的信息复述一遍，保证自己的理解和领导的指示是一致的。

刻意练习

玲玲和男朋友约见面的地点，玲玲说："我们就在五爱市场服装城门前见面吧！"五爱市场服装城大约有七个门。这时候，如果你是玲玲的男朋友，会怎么来确认呢？

____

____

____

刻意练习

办事人员："王科长，我刚才咨询了办理职称的手续。要求有档案存放地部门盖章，可是我的档案毕业之后就放在了自己家里，没有保管部门呀，我要去哪盖章呢？"假如你是王科长，要怎么让办事人员知道你听懂他的话了呢？

A：那可不好办。

B：你现在在哪个单位？

C：你是说你的档案在自己家里，没有放在任何单位，是吗？

D：这个得你自己解决。

澄清式提问

为了表明我们认真倾听了对方的话，还可以用提问的方式。我们可以就对方语言中缺少的或没有听懂的地方来提问。

15 岁的小刚回到家，垂头丧气，妈妈很奇怪，就问他："你怎么啦？看上去情绪不高啊！"

小刚："妈妈，我觉得你都不爱我。"

妈妈："为什么会有这种感觉？你为什么觉得妈妈不爱你啊？"

小刚低着头想了半天，嘟嘟囔囔地说："你看看我们班同学，人家都有手机，就我没有，你也不说给我买一个！"

如果孩子对你说出这样的话，你会怎么说或怎么处理呢？很多妈妈会很愤怒："我怎么不爱你了？你要什么我没给你买？你喜欢什么我没给你？我一天都围着你转了，你还说我不爱你？"这是很多妈妈心里的潜台词，甚至很多妈妈直接就说了出来。结果孩子不愿意和妈妈说出心里话，妈妈也没有听到孩子真实的声音。所以，同样的一个字"爱"，在沟通双方的理解中可能含义并不相同。在妈妈眼里付出就是爱，在孩子眼中给我买了手机才是爱，所以，为了弄懂对方语言中的意思，我们需要用澄清式提问。

你有与上述案例类似的情况吗？请写下一个类似的故事，可以是亲身经历，可以是听说，当然也可以编写。

我的故事

澄清式提问有两种方法。

第一种方法，针对对方的表述，发问某部分的内容。比如，对方说“我们这个设备很先进”，你可以问：“您说的设备先进指的是什么？”

第二种方法，先表明自己理解了，然后再提问、求证。比如：“平安险不包括由于自然灾害引起的灾害，我这样理解，对吗？”先表明自己的理解，然后再提问、求证。

刻意练习

你去领导办公室汇报工作，领导指示说：“下午，你去年会会场，把各种要摆放的物品都摆放好，如鲜花、桌牌等。”

A. 好的，领导。

B. 领导，您说的都摆放好，我的理解是除了桌牌和鲜花，还有桌椅，有没有什么我没想到的？您再提醒我一下。

四种倾听方式的区别如图 3-2 所示。

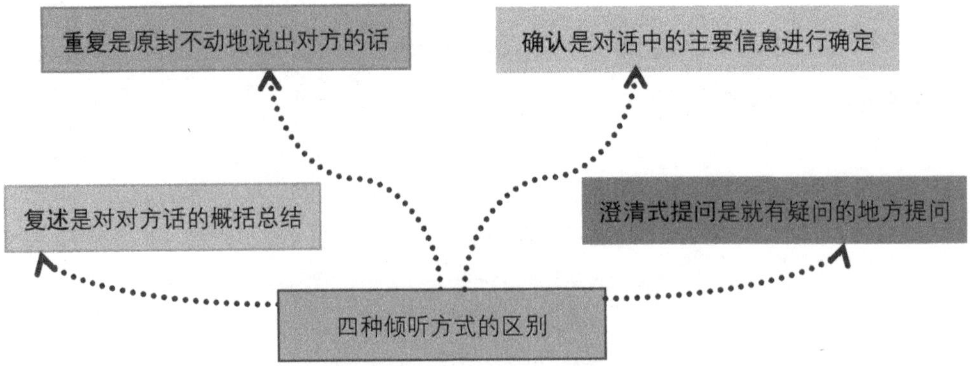

图 3-2　四种倾听方式的区别

3.4 我习惯说“别着急”，不对吗

情境

志明刚大学毕业，在电信营业厅实习。他也没有什么特别具体的任务，就是和其他同事一起接待顾客，帮助顾客解决疑难问题，他觉得这件事挺简单。

有一天，一位老大爷匆匆忙忙地走进来，看见他，拉住他就说：“小伙子，你给我看看，我昨天刚存 200 元话费，咋就说欠费了呢？”

志明见大爷很着急，就说：“大爷，您别着急……”

还没等志明继续说，大爷就生气地说：“怎么不着急？因为欠费，我儿子打不进来电话，以为我出事了呢！赶快把你们经理找来。”

这时候，店面经理走过来，柔声细语地对大爷说：“大爷，您先坐下。您说一下号码，我马上帮您查。”大爷真的就坐下了……

大爷走了之后，志明问店面经理：“为什么您一出来，大爷就配合了呢？我刚一说‘别着急’，他就急眼了！”

店面经理意味深长地说：“接待工作事小，也是要讲究艺术的。”

情境分析

职场新人刚参加工作，觉得很多事情都很容易。其实在你看来很容易的事情，都蕴含着一定的工作技巧，所以不要小瞧任何一份工作。

在上面那个案例中，为什么志明说“别着急”，大爷马上就生气了呢？因为志明没有听出对方的情绪。

倾听绝不是简单地用“耳朵”听，而是要用心来听。一个好的倾听者，能够听出对方话语中的事实、结论、逻辑、情绪和意图，然后做针对性的回应。听懂的五个要素如图 3-3 所示。

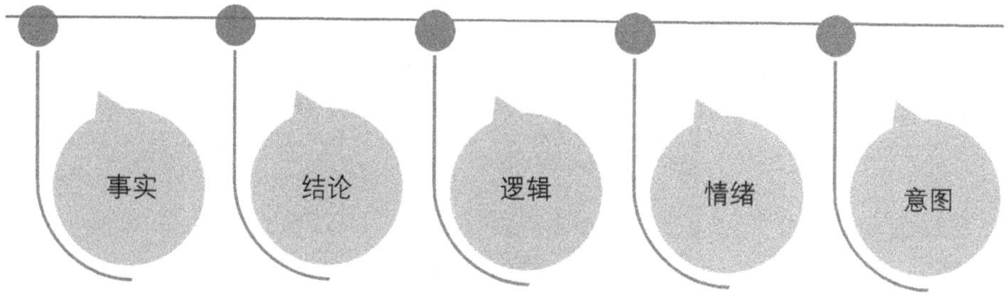

图 3-3 听懂的五个要素

听懂事实，听懂对方话语中的字面意思

比如，《校长和主任在操场上做什么》这篇文章中有一番对话：“有一次，我们全家去意大利旅行，我带着江南去向校长请假，校长就跟江南聊天，问此行要去哪里，江南说要去意大利，先到威尼斯。校长瞪大了眼睛说：‘我去过威尼斯，一个多么好的地方啊！’江南接着说还要去佛罗伦萨，校长激动起来：‘哦，佛罗伦萨，无与伦比的地方！你真应该去。’江南又说去罗马，校长喊了起来：‘你真是太幸运了！太幸运了！’”在这个案例中，校长听懂了江南语言中的事实，并做了回应。

听懂结论，就是听懂对方的观点

有一档电视节目里介绍了一个叫英子的女孩和她妈妈的故事。英子 30 多岁了，一直按照妈妈的安排生活，妈妈说女孩子要有学历，她读到了博士；妈妈说女孩子身体要好，于是她把自己养到 120 斤。可到了谈婚论嫁的年龄，却没有人喜欢她。她的妈妈一再强调女儿很优秀，博士毕业，身体又好。女儿在节目里几乎是崩溃地诉说了 50 多次相亲失败的经历。她和妈妈说："妈妈，人家是娶媳妇，不是找员工，人家不看你学历，人家看你漂不漂亮，看你会不会与人相处。"但是，整个节目大约 50 分钟，她说的话，她妈妈一句也没听进去，她妈妈要么说"我的女儿多好啊！身体好，学历还高，是那些男人没有眼光"；要么说"没有男人喜欢你，要多从自己身上找原因"。母女两个一直处在争执当中，以至于女孩在现场几次崩溃。然后每次崩溃的时候，都是在场女嘉宾去安慰那个女孩，她妈妈从没有露出一丝同情的表情，也没有走过去安慰失控的女儿。

那对母女就好像行走在两个轨道上的火车，自己鸣着自己的笛，自己走着自己的轨道，虽然共处一个时空，却完全没有交集。因为她们一直待在自己的结论里面，完全不理会对方的话。

听懂逻辑，听懂对方语言中的因果关系

有一次篮球比赛，火箭队球员麦迪在比赛打到一半时就退出了，原因是奔赴医院照料即将临盆的妻子。他说："每年我打比赛的机会有 82 次，但人生中陪伴老婆生孩子的幸福时光却只有几次，孰轻孰重还要用脑袋去想吗？"这里面隐含的逻辑是什么？你只有听懂了他的逻辑，才听懂了他的话。

当然，更多的时候，我们一句话里面既包括事实、结论，也包括逻辑，要都听懂才行。

我和一个泰国同学一起参加活动。她有三个中国室友，她对我说："我发现中国人有几个特点，比如，喜欢住在一起，有很多厨具，还要吃很多肉——我的室

友每次去超市总是买很多肉。”

我们先分析一下泰国同学讲话中的事实、结论和逻辑。事实是室友每次去超市，都买很多肉。结论是中国人很喜欢吃肉。逻辑是因为买很多肉，所以喜欢吃肉。

“我”听懂了泰国同学的话，所以针对她的疑问做了解释。一是吃三明治给我们的感觉是受到虐待；二是中国人改善伙食的方式是吃肉；三是因为上述两个原因，我们喜欢吃肉。这是对对方所说的事实、结论和逻辑的回应。

听懂情绪，听懂对方语言中蕴含的但没有表达出来的情绪

在上述案例中，为什么志明只说了“别着急”三个字，大爷就生气了呢？因为“别着急”三个字是对大爷情绪的否定，隐含着“你着急是不对的”这层含义。

在生活中、工作中，我们常常听不到、听不懂对方的情绪，以至于忽略了对方的情绪，好像情绪根本不存在一样。

下面的这个场景，我想在生活中非常常见。

夏玲在单位做了一天报表，累得头昏脑涨，加上办公室太冷，有点感冒了。下班回到家，看见爱人小陈坐在沙发上看电视，饭也没做。

夏玲很生气地说：“你下班这么早，怎么不做饭啊！”

小陈的目光还在电视上，说：“有剩菜和剩饭，你简单热一下就行了。”

夏玲：“我今天在单位做了一天报表，还冻感冒了。”

小陈：“我不是说了吗？简单热一下就行了。”

夏玲：“你这人怎么这样啊？我这一天都快累死了，你一点也不知道心疼我，就知道看电视，这饭谁也别吃了！”说着，摔门而去。小陈惊愕地望着门口。

这是很多家庭都会出现的一幕，为什么会有这样的结果呢？从倾听的角度看，小陈并没有听出夏玲语言中的情绪。现在，假设你是夏玲，当你说“我今天在单位做了一天报表，还冻感冒了”这句话的时候，你的情绪需要是什么？

人的基本情绪共七情：喜、怒、忧、思、悲、恐、惊。由此又生发出很多情

绪，如愤怒、轻蔑、热情、羡慕、害怕、挫败、失望、困窘、厌恶、快乐、憎恨、希望、嫉妒、欢快、热爱、骄傲、惊奇及悲伤等。这些情绪都会在沟通中表达出来，但通常这种表达都是隐晦的，需要有一颗敏感的心才能够接收到情绪信息。

这颗敏感的心就是要能够共情。什么是共情？看一个生活中的例子就明白了。

甲：昨天，我媳妇生了一个大胖小子。

乙：哎呀，是男孩啊！几斤啊？祝贺你当爸爸啊！

这段话里，甲的爱人生了一个男孩，这是事实。乙说“是男孩啊！几斤啊”是对信息中事实的关注，并且乙用复述对方的话表示自己听懂了。“祝贺你当爸爸”，这是对情感的关注。甲把事实告诉乙，是希望乙与他共同分享喜悦和快乐。作为乙，应当配合这种感情的需要，对此加以肯定。这就叫作共情。

刻意练习

事实上，很多人在表达的时候对情感是有需要的。比如，下面这些话的背后都有什么样的情感需要呢？

1．我最近一直在失眠。

2．听说公司年底要裁员。

3．我的儿子被剑桥录取了。

4．最近作业太多了。

5．今年司法考试的难度又增加了。

6．还没到月底，工资就花光了。

7．老师说就我一个人考了100分。

8．小李一家又出国旅游去了。

9．我最烦别人欺骗我。

10．明年，我也可以一个人带团队了。

如果你理解了这些话背后的情感需要，并且愿意配合这种情绪，说明你已经可以做到共情了。但是，如果你听不懂情绪，那很抱歉，你怎么说都是错的。

听懂意图，听懂对方语言中的真实目的和意图

我曾经观察到这样的对话。

在某护肤品专柜，顾客点名购买喷雾。美容顾问：“您还需要点别的吗？我们现在有活动。”

顾客：“不用了，就来这个吧。”

美容顾问：“这个喷雾很好的，可以调理皮肤不适。”

顾客说：“我是买给我男朋友的，他脸上经常起皮。”

美容顾问：“喷雾可以舒缓镇静皮肤，增强屏障功能。”

你看出这段对话有什么问题了吗？顾客说她男朋友脸上经常起皮的真实意图是什么？是希望美容顾问能够帮助推荐一款适合的产品，但美容顾问忽略了顾客的这段话，错过了销售的时机。

所以，倾听绝不是一件简单的事。听懂事实、结论、逻辑、情绪和意图，才叫真的听懂了。

3.5 听不懂话外音，感觉自己像傻子

情境

王强说话喜欢直来直去，快人快语。有一次和公司的梁总下班一起走，梁总对他说：“我特别喜欢你的直率性格。”梁总说的到底是什么意思呢？

A：希望王强多和梁总表达自己的真实想法。

B：王强说话太直了，需要调整自己的沟通技巧。

C：就是很喜欢、很欣赏王强。

D：希望王强更直率一些。

你会选择哪个？

情境分析

我在课堂上讲到这一段的时候，四个选项都有人选，所以你选哪个选项都并不奇怪。但领导在这种情况下到底说的是什么意思？领导表达出来的并不是字面上的信息，而是有了话外音。领导说希望王强能够调整一下说话策略，不那么直来直去。

有很多学员和我说“老师，我听不懂话外音”，听得出来，他们很着急。他们意识到对方的话里有话，可就是不知道那个话是什么，而且的确有人倾听话外音的能力比较弱。比如，小孩和你一起出门去买东西，天气有点儿热，但还没有热到大汗淋漓的程度，你们走到卖冰淇淋的摊位面前，小孩一边扇动着小手，一边说：“今天实在太热了，我都出汗了。”小孩说的是什么？是天气太热了吗？不是。估计大多数人都能听懂小孩说的是想吃冰淇淋。

生活中听不懂话外音，可能没有什么大问题，但如果在职场中听不懂话外音，则可能出现问题。

小李是公司的一名文员，工作表现很好，老板经常私下里对他说：“你是我最信赖的员工，应该把公司当成自己的家。这里的一切都托付给你啦。”小李每次都激动不已，暗暗鼓劲，希望自己为领导做件大事。

有一次，领导去外地，临走时又说：“这里的一切都托付给你了。”领导走后，来了一位客户，希望签订合同，小李想起领导对他说的那些话，自行决定，与客户签了合同，结果领导回来之后大发雷霆。

你觉得小李错在哪里了？错在没有听懂领导的话外音。很多时候，一个人字面的表述与真实的意图是有差距的。曾有 1 400 名职场新人接受过“职场话外音”专业调查，结果显示，超过 90%的人曾使用或遭遇过“话外音”现象。仅有 27.2%的职场新人认为自己完全能听懂出现在职场的“话外音”，余下近 73%的职场新人经常对前辈们的“话外音”摸不着头脑。

要听懂对方语言中的真实意图需要我们有较强的洞察能力，需要结合当前情境、关系、场合等众多因素。下面向大家介绍听懂画外音和真实意图的六种方法。

注意转折

很多话的重点往往在转折的后面，所以当你听到“但是”的时候要注意了。

领导：“你最近工作很努力，但是还要再细心一点。”

真实意图：你不够细心，要再细心一点，而不是工作已经很努力了。

正话反听

一些人通常在做善意提醒的时候，会用正话反说的形式提醒你，这就需要你揣摩他到底说的是正话还是反话。

同事：“能和你共事真是荣幸，尤其是在对待上下级关系上，你拿捏得特别到位。”

真实意图：你太善于处理人际关系了，我们都望尘莫及，但是我们并不喜欢。

引申含义

把字面意思引申一下，看看有没有其他意图。

领导：“我觉得你的想法很独特，做自由设计师一定特别适合你。”

真实意图：你的想法太离经叛道了，可以辞职单干了。

探寻原因

要思考他为什么要说这样的话，说这些话背后的原因是什么？

女士：“我儿子都上大学了。”

真实意图：她说的是她儿子上大学了吗？不是。结合情境，她说的可能有两个方向。一个说自己家孩子很优秀，希望获得夸赞。另一个是想说孩子都上大学了，自己还很年轻。说实话，有很多学员折在这道题上，甚至有三四十岁的学员也没听懂，这是我没想到的，说明大家在听懂话外音方面还需要更多训练。

关注假设

如果对方假设了一定的条件之后才说出自己的想法，说明他实际上对你的想法并不太赞同。

同事："如果你是我朋友的话，我还是很喜欢你的性格的。"

真实意图：因为我们是同事，所以其实我并不太喜欢你的性格。

换位思考

换位思考是从对方的角度去思考，如果我这样说的时候，我期望获得的是什么呢？我期望表达的又是什么呢？

同事："我家孩子五个月就长牙了。"

真实意图：换位思考的话，你会发现，你的同事这样说的时候，是想表达我家孩子很健康，希望从你那里获得肯定。

只要掌握了这六种方法，听懂话外音不过是小菜一碟。正如我所主张的，你在练习的时候，笨拙一点儿没关系，只有经历了这个笨拙的过程，你才能游刃有余，所以，不要害怕麻烦，不要害怕动脑筋，还是做点儿练习吧！

刻意练习

1. 小王最近可没少买衣服。
2. 我穿红色的是不是太显眼啦？
3. 领导谁也没让去，就让王林去参加培训了。
4. 你独立工作能力很强啊。
5. 没想到你做妈妈了真的就以宝宝为中心了 。
6. 你穿衣服很正式，哪像我们，都随便穿穿。
7. 小王挺有个性啊。

怎么样？听懂话外音也没有那么难！

除了语句有话外音以外，说话的语气和语速也都包含着话外音。例如，语速快于平时，往往是情绪比较激动或撒谎；语速慢于平时，可能是在思考或寻找合适的表达词，这些都需要我们在生活中不断体会。

刻意练习

听懂话外音和真实意图的六种方法你还记得吗？请填写在图 3-4 的括号中。

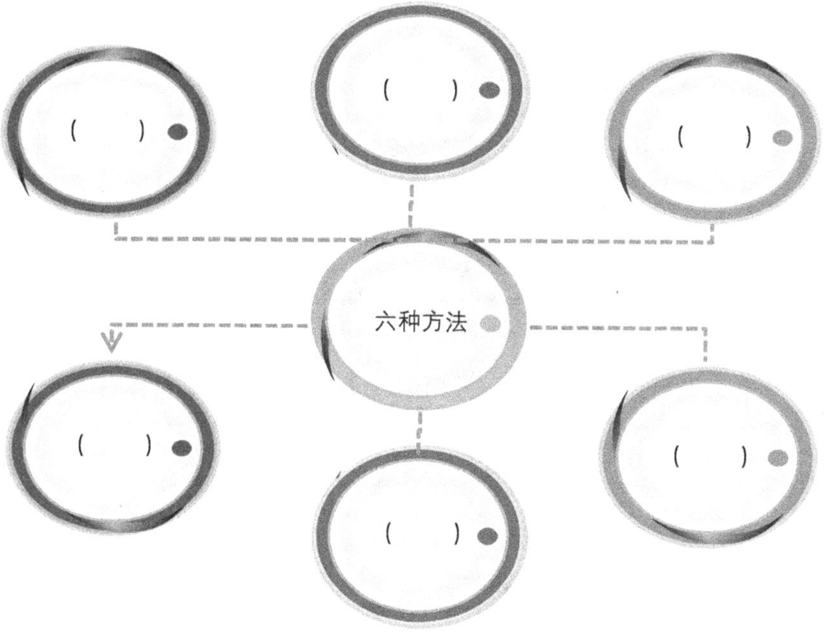

图 3-4　听懂话外音

第 4 堂

能接纳，能共情

——让反馈说到心里去

4.1 不到三句话就把天聊死了

情境

荣欣一心想当一个好的业务员，他把话术和产品知识都背得非常熟练，在单位和同事也多次练习，自己感觉已经能够非常好地介绍公司和产品了。

这天刚好和客户约了见面，主管对他还不够放心，就和他一起去拜访客户。到了客户那里，荣欣先是和客户聊天，可是他发现和客户聊天与在单位的练习完全不同，只说了三四句话，他就觉得无话可说了。幸好主管在，主管和客户聊得热火朝天，虽然初次见面，却像好朋友一样。

从客户那里出来，主管对荣欣说："你呀！就是废话太少，所以容易把话聊死。"

情境分析

一个人废话太多叫谈话冗余，啰里啰唆惹人烦；但一个人说话太过简洁，直奔目标，也很难和别人建立良好的关系。甚至于有人说"一个人说'废话'的能力决定了他的人际关系"。荣欣的问题就在于"废话"太少，没有用"废话"与客户建立良好的信任关系。

一般人在与陌生人或客户、领导沟通的时候，遇到的最大的问题就是无话可说。有时候，我们没有听懂对方的需要，所以给出的东西是不对的；有时候，我们听懂了，却不愿意配合对方的需要；很多时候，我们在给予对方反馈的时候，说了很多正确的话，给了很多正确的建议，但我们发现对方并不领情，甚至激发起对方的愤怒。所以，仅仅会听还是不够的，还要听说结合，在听懂的基础上，给出合适的反馈。

自然舒服——有一种聊天叫配合

什么是配合呢？我们通过一个案例来了解一下。

不同公司的两个业务员都到张总办公室想谈合作事宜，正巧张总在办公室里为一棵水培的地瓜换水，张总一边换水，一边问华立公司的小王："你看我这地瓜好看不？"

小王："挺好看的，不错不错。"

张总听了，没说话，转头又问玉龙公司的小刘："小刘，你看我这地瓜怎么样？"

小刘："张总，你要不说我还真没看出是地瓜。没想到地瓜也可以长得这么好看，翠绿的叶子配上红色的叶脉，连水里的根须也是红色的，这地瓜还真是精神！"

张总对小刘笑着说："小刘你这嘴就是甜，快坐快坐，今天来又有什么事啊？"

结果小王站也不是，走也不是，很尴尬。

你们觉得小王和小刘的反馈区别在什么地方？为什么张总更喜欢小刘的反馈？小刘的反馈中运用了一个非常重要的技巧叫作配合。

"配合"是在交谈中创造良好氛围的说话技巧，使聊天自然舒服；"配合"可以帮助展开更多话题，不用担心无话可说；"配合"还可以使倾诉者获得深切的理解，在较短时间之内取得思想认识上的一致和共鸣，从而拉近双方之间的距离，赢得对方的信任。如果运用得当的话，还可以产生如遇知己、相见恨晚之感。

"配合"是如何取得这么神奇的效果的？在上述案例中，当张总问"你看我这地瓜好看不"时，他是有心理预期的，期待对方认同自己的观点。小王听出了张总的心理需求，所以回答"挺好看的，不错不错"。但是，小刘除了认同张总的观点之外，还对张总的观点进行了解释，使张总的观点更加合理化，让张总感觉受到了重视和认可，并且因为被对方深切的理解而产生了强烈的亲近感。

"配合"的本质是同理心

同理心也被称为换位思考、神入或共情，是指站在对方立场设身处地思考的一种方式，即在人际交往过程中，能够体会他人的情绪和想法，理解他人的立场和感受，并站在他人的角度思考和处理问题。同理心使我们尝试去理解和接纳对方的想法和行为，而"配合"使这种理解和接纳显性化，并且使对方在短时间内即接收到这种信息。

配合的方式

“配合”要求听到说话者想说，说出听者想听。“配合”一共有四种方式。

“配合”的第一种方式

对方说个事实，给他补充一个结论。

一个人说：“气温连着好几天三十七八度，晚上睡不着，白天无处可逃。”思考一下，他这句话想表达什么？是晚上睡不着，白天无处可逃，还是天气温度很高？我们运用演绎推理的方式就可以给他补充结论：天气真是太热了！

假如你今天上班迟到了，你到单位和同事说“平时上班只用 40 分钟，我今天用了 1 个半小时”，你想表达什么？是说上班的时间长吗？是说今天上班比昨天上班时间长吗？大家可以结合场景和自己的生活经验，给出结论：今天的交通太拥堵了。所以，如果你的同事懂得配合的话，他可以这样给出结论：“是呀，现在堵车真是太严重了。”当他给你这个结论时，你是什么感受？你觉得被深切理解，因为他对你的迟到给出了一个合理的解释。

刻意练习

当你的朋友这样说的时候，你要怎么给他补充一个结论？

1. 今天去菜市场，香菜 15 元一斤，大蒜 12 元一斤，我就买了几样菜，居然花了 50 多元钱。

2. 这周，小张连着三天上班迟到。

3. 路上的雪都冻冰了，我刚才走的时候几次踏在冰上，差一点儿滑倒。

4. 昨天碰到我的高中同学，整个人胖了很多，头发也稀少了，脸上皱纹也多了。

5. 我去海口旅游的时候，有一天晚上从一条小巷走回宾馆，我惊讶地发现海口的小巷里没有随处乱扔的垃圾，连垃圾桶附近也没有垃圾。

6. 这周日社区组织居民参加义务劳动，我看得有100多人参加，邻居家的老人和孩子都去了。

针对对方话语中的事实补充结论，需要我们动用人生经验，需要我们对同一事实有相同的理解，更需要结合当时的情境。当我们与对方的关系不够密切或对对方的了解程度不够或比较陌生的时候，如果担心我们给出的结论不是对方想要的，可以采取提问的方式。比如，对方说“今天手机自动关机三次”，与此相对应的结论可能是这个品牌的手机不好用，可能是手机出现故障了，可能是手机的电池出了问题，可能是他不想接听某个人的电话。这时你就可以用问句了：“你是说这个牌子的手机电池质量不好吗？”如果是，最好。如果不是，他也会给出答案，这样才能保证双方一直在同一个频道上交流。

“配合”的第二种方式

对方说一个结论，你给他补充一个事实。

我们还可以用前面的那个例子。一个人说：“今天天气可真热啊！”这句话是一个结论，运用“配合”的方法，你可以补充一个事实：“可不是吗？连着好几天三十七八度，晚上睡不着，白天无处可逃。”

再比如，你的下属前一天加班，第二天他说：“昨天累死我啦。”他说了一个结论，你可以给他补充一个事实：“是呀，白天工作一整天，晚上又加班到10点多，确实很辛苦。”既给他补充了一个事实，又针对他的结论补充了一个更富有情感的、肯定性的结论，你的下属会因为被理解而非常感动。

刻意练习

当你的同事说出下面的结论的时候，你要怎么给他补充事实？注意这次我们的对话对象是同事。

1. 这个月的业绩完成得真不错。
2. 小王最近工作积极性明显提高了啊！
3. 人力资源部送来的报表总是最快的。

4．张琳是个擅长倾听的人。
5．王总辅导下属特别认真。
6．销售部一点儿也不配合我们的工作。

“配合”的第三种方式

对方语言中的结论和事实都有了，可以给他补充一个逻辑。

逻辑往往被隐含起来，如果对方的话语中事实和结论都有了，你可以帮助他补充一个逻辑。

比如，有人说：“连续 20 多天气温超过 36 度，今年夏天太热了。”你会发现这句话中，事实有了“连续 20 多天气温超过 36 度”；结论有了“今年夏天太热了”。这时候你可以给他补充一个逻辑：“我听说连续 3 天温度超过 36 度，就算高温天气了。”我们把这两句话按照逻辑三段式连起来就是这样的：大前提——连续 3 天温度超过 36 度，就算高温天气；小前提——连续 20 多天温度超过 36 度；结论——今年夏天太热了。所以，所谓补充一个逻辑，其实就是补充一个大家公认的大前提或对方语言中的大前提。

刻意练习

当你和家人聊天的时候，对方像下面这样说时，你要怎样“配合”？注意这次的对话对象是家人。

1．人民教师是知识分子，应当受到尊重。
2．我今天看到好几个老年人横穿马路，太不遵守规则了。
3．办公室里的花开了好多朵，上班心情都好了。

“配合”的第四种方式

对方说出一种体会，给他补充一种相应的感受或类似的故事。

有时候，对方说的是一种个性化的体会，我们可以帮助补充一种感受。

比如，你的朋友说："昨天太冷了，都快冻死了。"你可以这样说："可不嘛，昨天我出去走五六分钟，手和脚都冻得和猫咬的似的，真是太冷了。"

个人的感受其实是比较个性化的，对同样的事情大家的感受是不同的。比如，一个人中午没吃饭，饿得快要晕倒；而另一个人中午没吃饭，却没有特殊的感觉。所以，对对方的感受给予同感，能够让对方感觉到自己被深切的理解和认可。

刻意练习

当和客户聊天的时候，你要怎么"配合"一下？注意这次我们的对话对象是客户。

1．上次去一个关系单位，领导太傲慢了，气死我了。

2．昨天去超市，有个老人摔倒了，工作人员一下子就扶起来了，我觉得这个工作人员真是不错。

3．前几天出去旅游，秋天的风景真是太美了。

4．我觉得黄山比泰山美。

5．我更喜欢去实体店购物。

"配合"帮助我们更好地聊天，更好地与他人建立关系，希望大家可以多加练习。

4.2 每次和朋友说单位的事，都被教训一顿

情境

张博和郭刚是发小，从小一起长大，两个人无话不说，像亲兄弟一样。毕业之后在一座城市工作，干脆一起合租了房子。

张博在一家计算机公司工作，郭刚在一家广告公司工作。刚参加工作，总是有很多困惑和烦恼，张博的领导工作严谨，是个学究型的领导，说话不留情面，常常把张博批评得想找个地缝钻进去。

这天，张博回到合租屋，一边吃饭一边和郭刚唠叨："那个老学究今天又把我骂一顿，说我上学都学啥了，都就饭吃了吗？气死我啦！"郭刚说："你这个人从小就这个毛病，学啥也不深入，浅尝辄止，现在吃到苦头了吧！"

张博盯了郭刚半天，嘴里的饭都咽不下去了，气哼哼地说："我就是和你说说，为什么每次都批评我？"

结果，两个人一晚上都没说话。

情境分析

张博遇到的情形，我相信很多人都遇到过，你本来希望获得支持和理解，结果却被迎头泼了一盆冷水。

在职场和生活中，我们都希望获得理解，但有时候，理解是很稀缺的东西。除了理解对方语言中的事实、结论和逻辑外，还要学会理解对方的情绪。遗憾的是，在职场和生活中，我们的情绪常常并没有得到好的对待。

小静去超市买了一大堆东西，都是家里明天请客要用的，有酸奶、猪肉、牛排、苹果、南果梨、啤酒，还有好多蔬菜，装了满满两大袋子，非常沉。拎着这些东西，小静的手被勒红了，一路上歇了好几次才把东西拿到楼上。回到家之后，小静一边往厨房拿东西，一边说："拎这些东西累死我了。"小静的爱人说："这么点儿东西，你至于累成那样吗？"

如果你是小静，你是什么感觉？你会不会气愤？当然很生气，因为你的情绪被否定。

情绪有正负之分，但没有对错之分。一个人受到了外界的刺激，情绪有波动，就像你饿了想吃饭，渴了想喝水一样，是正常的。如果我们对对方的情绪给予否定，会让对方觉得屈辱。当张博说"那个老学究今天又把我骂一顿，说我上学都学啥了，都就饭吃了吗？气死我啦"时，他的需要是什么？他是希望获得一个建议吗？不，他只需要情绪的宣泄。所以，只要帮助他把情绪宣泄出去就好。作为一个成年人，大家有判断对错的能力，而且通常也都有解决问题的办法，所以不要随随便便给出一个自以为是的建议，最好的做法是全然地共情。

共情表面上是听到一句话，然后说出一句话，但在我们对信息进行加工的过程中，共情实际上需要经过三个步骤，如图 4-1 所示。

图 4-1　共情的步骤

共情过程中，听出情绪和体会情绪，在大脑加工的时候，几乎是同时的，但是也有分辨、识别的过程，要对情绪进行确认。一个人之所以能够体会到对方的情绪，要么曾经有过类似的经历，要么曾经通过学习、阅读或看电视剧、电影等感受过那种情绪，否则，很难理解他人的情绪，当然也就谈不上共情。所以，体会情绪是对自己以往情绪记忆提取的过程。当你感同身受那种情绪之后，就是用适当的方式对情绪进行反馈了。

对情绪进行反馈的方式有五种，如图 4-2 所示。

图 4-2　共情的五种方式

把情绪普遍化

所谓把情绪普遍化，就是让对方感觉到，对于同一件事情，大家和我的反应是一样的，我并不是异类，从而感觉到自己的情绪被接纳。

你的同事张杰和你说："孩子上大学走了，家里就两个人真没有意思。"你会怎么说？

A. 孩子上大学走了多好啊，正好可以过二人世界，要是我，我就天天出去玩。

B. 是呀，一直围着孩子转，孩子一离开家，很多家长都不习惯。

在回答这个问题的时候，我们首先通过倾听，听出对方语言里的情绪，然后体会这种情绪，再用适当的反馈配合她的情绪，让她获得心理上的满足。我们先来分析张杰在说出这句话之后的情绪是什么？她感觉到失落、寂寞、无聊。在和她共情的时候，可以选择把对方情绪普遍化的方式。

答案A里隐含着对对方情绪的批评，认为孩子上大学走了觉着无聊这个情绪是不对的。答案B就是把对方的情绪普遍化了。不光你作为家长有这种感受，别的家长也是如此。

把对方情绪普遍化的方法简单、易用，在各种聊天中都可以广泛使用。

迎合式

类似于配合，迎合是对对方的情绪感受进行解释，让对方的情绪合理化。

朋友和你说："这条路好黑呀，我不敢走过去！"你会怎么说？

A. "又没有鬼，有什么好怕的！"

B. "这条路一盏灯都没有，确实让人很害怕，不过我对这里的环境蛮熟悉的，知道治安还不错，不然我陪你走过去，好吗？"

答案A是对对方的情绪的否定。

答案B则是对对方的情绪进行了解释，使其合理化。

说出对方的感受

当表达的时候，我们通常不会说“我很愤怒”“我很悲伤”“我很忧郁”等这种把自己情绪显性化的语句，需要反馈者通过倾听，听出对方的情绪，并给予适当的反馈。当听出对方的情绪之后，我们可以尝试说出我们体会到的情绪和感受。当然，这种猜测最好用疑问句，以免让对方产生倾听者过于主观的感觉。

甲：“刚才我看见我前男友挽着一个女孩的胳膊，一边走一边笑，这才分手几天啊！”

当听到这段话的时候，你听到对方什么样的情绪？对方有一点点失落、不满甚至沮丧。但是，如果你用这些负向的词汇反馈给对方，对方可能有被看穿的感觉，也不舒服，所以不妨用一个比较中性的词汇反馈给对方。比如，可以这样说：“你看见他心里不太舒服，是吗？”

理解式

直接告诉对方，你理解他的感受。

小王被领导骂了一顿，回来眼泪汪汪地和你诉苦，你怎么说？

A. 领导说的也有道理。

B. 我理解你的感受。

“我理解你的感受”这句话适用于所有共情场合，可以多多使用，当然，如果你能在“我理解你的感受”之后，把你理解的感受再描述一下，更能加深彼此之间的理解。

提问式

这种方式是通过提问探究情绪背后的原因。有时候我们并不理解对方情绪背后的真实原因，主观猜测可能让对方感觉被误解，这时候就可以用提问的方式了。

你和老婆出去旅游，老婆说：“我想回家”。你要怎么回应？

A. 我说不出来玩吧，非出来，玩几天就够，以后别张罗了。

B. 为什么呢？想家了吗？

如果你的回答是 A，对方听了一定不高兴。如果你用提问的方式，你老婆的回答可能是这样的：“不是。导游五分钟一催，五分钟一催，玩得太紧张了，没有意思。”你看，这时候你就能理解对方情绪不高的原因，并针对这个原因给出对策。

4.3 什么是“见人说人话、见鬼说鬼话”

情境

小天和大刘一起应聘到一家公司工作。小天工作严谨、不苟言笑，在心里认为一切凭业绩说话，所以和同事们在一起交流的不多，总是默默地在自己的工位上工作。慢慢地，除了工作，大家都很难想起还有这个人。但是，小天认为领导对自己非常认可，因为每次去汇报工作，领导都露出满意的神情，还经常夸奖小天。

大刘则不同，工作起来有点儿拖泥带水，虽然很有创造力，总有自己的鬼点子，但偶尔会犯点小错误，让领导批评。当领导批评大刘的时候，大刘也就是哈哈一笑，有时候还和领导开个玩笑。大刘和同事的关系很好，经常在一起嘻嘻哈哈，很欢乐的样子。有时候小天也想参与一下，可是总是插不进话，后来索性就不再插话了。

年底公司用投票的方式对员工进行评价，小天认为自己这么努力工作，票数一定很高，结果没想到，还没有大刘的票数高。

小天很委屈，和同学吐槽：“他不就是‘见人说人话、见鬼说鬼话’吗？又没有什么真本事，那些人都瞎了。”

同学语重心长地说：“在职场上光埋头干活是不够的。你的那一票投给谁了？”

小天："我投给小李了。"

同学又问他："你为什么投给小李？"

小天："小李工作认真，平时我有不会的问题，都是她告诉我的。"

同学："有没有比她更优秀的？"

小天："不太了解，别人的工作我也不太知道。"

同学："这就是了。你在投票的时候，投给了谁？投给自己熟悉和了解的人。别人也是如此。所以如果想让别人投票给你，就必须和别人建立关系，让他们了解你、认可你。这么看来，见人说人话、见鬼说鬼话也算一种本事，对吗？"

情境分析

小天和大刘是单位中常见的两种员工，一种沉默寡言、埋头工作；一种喜欢交际、乐于分享。这两种人都是单位需要的，没有哪种好哪种不好之分，但如果一个人工作好且人际关系好，一定会为自己的职业生涯加分。

一个单位不可能自己生产所有的配套产品，一个人也不可能独立生存于世界。现代社会分工越来越细，也就意味着对协作的要求就越来越高。所以，我们和其他人之间的关系是互相依赖、协作的，而不仅仅是对抗、竞争的。

职场新人要懂得，**一个独立工作能力强的人永远是一个人工作，而一个协调能力强的人则可以带领很多人一起工作。**所以，人际关系更好的人、感染力更强的人更容易脱颖而出，成为领导者并不奇怪。

从某种意义上讲，"见人说人话、见鬼说鬼话"并不是贬义。一个人具有这样的本领，说明他深谙人性，知道每个人的需求，并且能够很好地配合这种需求。

每个人在沟通中都是有需求的。这种需求有时候是显性的，如"给我一支笔"；有时候是隐性的，如"小王和我一起工作的时候总偷懒"，这里面就隐含着隐性的需求——需要公平对待。显性的需求比较容易听懂，给予满足，而理解并满足隐性的需求则难度很大。这就需要我们研究人的需求都有什么。

1943 年，美国心理学家亚伯拉罕・马斯洛在《人类激励理论》一文中提出了马斯洛需求层次理论。他把人类需求像阶梯一样从低到高划分为五个层次：生理需求、安全需求、社交需求、尊重需求和自我实现需求。呼吸、水、食物、睡眠、生理平衡属于生理需求；人身安全、健康保障、家庭安全、财产安全、工作职位保障等属于安全需求；友情、亲情、爱情等属于社交需求；自我尊重、自信心、获得他人尊重、尊重他人等属于尊重需求；道德、创造力、问题分析与解决、公正度、接受现实能力等则属于自我实现需求。

我们把这五种需求分为两级，一种是低级需求，通过外部条件就可以满足，生理需求、安全需求和社交需求可以看作低级需求；尊重需求和自我实现需求是高级需求，通过内部因素才能满足，而且一个人对尊重和自我实现的需求是无止境的。同一时期，一个人可能有几种需求，但每一时期总有一种需求占支配地位，对行为起决定作用。任何一种需求都不会因为更高层次需求的发展而消失。各层次的需求相互依赖和重叠，高层次的需求发展后，低层次的需求仍然存在，只是对行为影响的程度大大减小。

在与人交往的时候，受人物关系、情境等的影响，我们并不能完全显性地表达出这五种需求中的某一种，但如果我们潜在的、内心的需求没有获得满足，就会感到失落、不满，从而对对方产生不好的印象。所以，我们需要在人际交往中不断体会并且满足对方的需求。

关注对方的生理需求

有一年过春节，我回了家乡，约了最好的闺蜜一起吃午饭，但因为家里来了客人，我就先陪着客人吃了饭。闺蜜来了之后，我们坐在沙发上聊天，茶几上放着花生、瓜子和糖果，闺蜜一直在吃。我爸爸问了一句："哎呀，你是不是还没吃饭呢？"闺蜜哈哈大笑着说："还是我杨叔理解我，我等着来你们家吃饭呢！"爸爸敏感地意识到了对方的生理需求。在人际交往中，对方的生理需求是一种最基本的需求，所以，客人来了，请坐、倒茶并不是可做可不做的，这是在满足对方的生理需求。

关注对方的安全需求

我新到一个单位不久，和同事去看演出，回来的时候已经是晚上 9 点多了，回家的路有点儿黑，男同事坚持一定要把我送到小区门口，看我上楼了，才肯离去。这样的一个小举动让我觉得对方一定是一个“暖男”，因为他满足了我安全的需求。

关注对方的社交需求

朋友新应聘到一家公司，工作第一天回来抱怨：“新公司的主管不近人情。”我说：“才一天，你就看出来对方不近人情了？”她说：“我到公司去报道，主管把我领到工位上就不管我了，什么办公用品也没有，没有把我介绍给新同事，也没把其他同事介绍给我，我在那待了一天，浑身难受。我原来公司的主管就比他周到多了，让我在早会上做了自我介绍，还特别安排另一个人负责带我，中午还特意和我一起吃的午饭。虽然也是第一天上班，可是感觉很温暖、舒服，看来这家公司不能长待了。”为什么朋友在两家公司的感受不一样？因为一个满足了她社交的需求，一个没有满足。你可能认为公司是工作的场所，不是社交场。但就像人需要吃饭、睡觉一样，这种需求是存在的，如果不被满足，就有可能出现问题。

关注对方的尊重需求

单位有一位老同志，大家一致认为他是一个非常谦和的人，人际关系也非常好。我注意观察了他的行为举止，发现之所以大家认为他很谦和，是因为他时时处处注意满足别人的被尊重的需求。比如，和同事探讨问题的时候，他总是说“我有一个问题，要向你请教一下”；请同事帮忙的时候，他总是说“这件事我就信得过你”。他的这些说法满足了对方被尊重的需求，从而让对方产生一种愉悦感。

关注对方的自我实现需求

人的自我实现需求是没有止境的，所以我们看到世界上有那么多人不断地冲击人类认知和生理的极限，挑战自我。孩子小时候爱刷碗，长大了以后反而不爱刷碗了，为什么？小时候刷碗满足了孩子自我实现的需求，长大之后再刷碗是劳动。所以，如果我们为对方创造更多的自我实现的机会，也会赢得对方的好感。比如，女孩子在男孩子面前示弱，其实就是给了男孩子展示力量和能力的机会，满足了他自我实现的需求。

"见人说人话、见鬼说鬼话"，本质上是对人性需求的理解和满足。

4.4 怎么在 3 分钟之内"搞定"陌生人

情境

刚刚大学毕业的温纲为了锻炼自己，应聘了一份销售的工作。他感觉最困惑的是，一上来就卖产品，顾客会被吓跑了。可是如果不讲产品，那又讲什么呢？

他观察老员工，发现他们总是和客户聊得很开心，几分钟之后就像老熟人一样。而自己和陌生人聊天，总是放不开，不知道该聊些什么。

情境分析

不可否认，无论你是做销售工作还是与人日常交往，都是推销自己的过程。推销自己的前提是让对方了解自己，建立信任关系。像温纲那样在信任关系没有建立之前就销售商品往往不容易成功。

两个互相之间不了解的陌生人在短时间之内建立信任，并且能够就某件事达成共识，的确是一件比较困难的事情。但在日常工作中，不仅仅是销售工作，很多工作都需要我们和陌生人快速建立联系。当今社会，一切都在提速，人与人交往的速度也被要求提速，越来越多的人不愿意花更多的时间与陌生人建立联系。这就要求我们要学会一种技能，能够在短时间之内"搞定"陌生人。

适度的自我暴露

与陌生人之间最难的是建立信任。在沟通课堂上，学员们练习提问。一个学员问另一个学员："你是做什么的？"被问的学员说："我是做销售的。"说完就把脸转到了一边。这是很普通的一段对话，对话结束后，我让他们各自谈谈感受。提问的学员说："对方的回答好像有情绪，气呼呼的。"回答的学员说："我根本不知道她是做什么的，就问我是做什么的，我不愿意说，又不能不说，所以有点不高兴。"他们的沟通在什么地方出了问题？出在自我暴露上。

自我暴露这个术语是美国心理学家西尼·朱拉德提出的，通俗地说，自我暴露是指个体与他人交往时自愿在他人面前真实地展示自己的行为、倾诉自己的思想。心理学家对自我暴露的解释是，一个人自发地、有意识地向另一个人坦率地表白自己、陈述自己、展示自己。自我暴露既是健康人格的表现，又是成功的自我调节方法。通常，自我暴露分为四个层次，如图 4-3 所示。

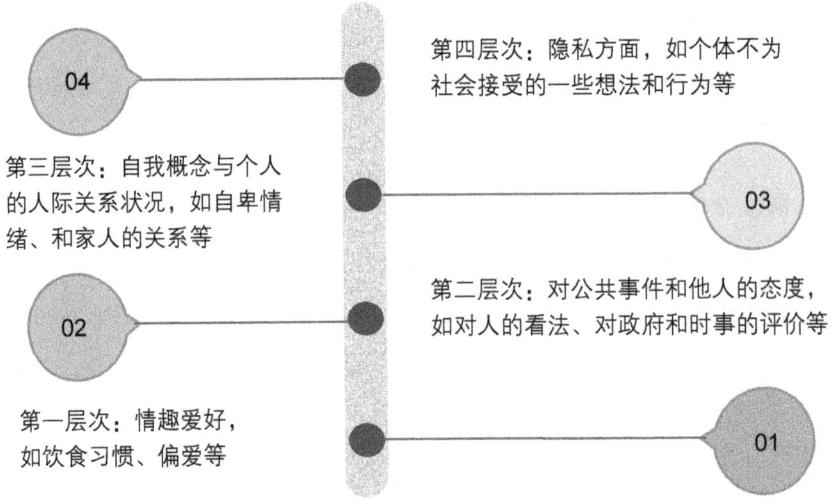

图 4-3　自我暴露的四个层次

通常在两个人交往中，自我暴露的层次越高，交往的程度越深。但太少的自我暴露和太多的自我暴露也会引起人际环境适应方面的一系列问题。一个从不自我暴露的人不可能与其他人建立密切的和有意义的人际关系。同样，习惯于喋喋不休地向他人谈论自己的私密，也会被他人看作适应不良的自我中心主义者。

适度的自我暴露可以帮助对方卸下戒备，快速拉近双方的心理距离。所以，当我们和陌生人交往的时候，要想让陌生人信任你，可以做一些适当的自我暴露。一般来说可以暴露到第二层次。可以谈自己的饮食习惯、个人偏好，也可以谈自己对一些社会热点事件的看法等。

提问

我们想要了解别人，就要启发对方表达。启发对方表达一个重要的手段就是提问。对初次见面的人提问有三个注意事项。

1. 提问前先自我暴露。这样做的好处是能够让对方愿意回答你的问题。比如，可以这样说："我是这个部门的经理，叫梁小彤，您叫我小彤就行。请问先生您贵姓？"

2. 提问的深度要逐层深入。可以先从第一层次的问题问起，如年龄、职业等大家都可以知道的信息，等待对方都愿意回答之后，随着谈话的深入，慢慢进入第二层次。当然，如果聊得特别好，也可以进入到第三层次。但是，第四层次一般是不进入的。

3. 提问时不可一直追问。一直追问会让对方有压力，会有"查户口"的嫌疑。

谈论对方感兴趣的话题

每个人都只对自己感兴趣的话题感兴趣，虽然这句话有点儿绕嘴，却是事实。所以，要想让对方开口，就要谈论对方感兴趣的。

这里，我们要纠正一些人的认识误区。有人认为与人沟通就是不断说话，说得越多越好，越能说，表明越会沟通。其实，沟通的本质是信息的双向流动，是一个闭环，两个人都做适当的表达与反馈，并且能够就某些信息进行交换，这才是好的沟通。正如萧伯纳所说："你有一个苹果，我有一个苹果，我们彼此交换，每人还是一个苹果；你有一种思想，我有一种思想，我们彼此交换，每人可拥有两种思想。”这是沟通的价值所在。所以，两个人都表达，信息才能流动起来。而且在很多场合，如销售、谈判等场合，我们还是希望对方可以做更多的自我暴露，也就是希望对方可以更多地表达，所以我们需要启发对方。

一般来说，初次见面可以从眼前谈起。眼前看到什么谈什么，如周围的环境、手里的咖啡、对方的衣着、当天的天气等。还可以从共性谈起，如双方共同的职业、共同的朋友、共同的家乡等。还可以从热点谈起，如一些热点的公共事件、电视剧、热词等，因为是大家都知道的事件，每个人都可以说出自己的一些观点。还可以从对方关注谈起，比如，女人关心衣着、家庭，男人关心体育、科技等，这些都可以作为谈资，拉近双方的距离。

记住对方的细节

这个细节包括对方提到的自己的名字、个人爱好、家庭情况、信仰、观点等，如果你在后面的谈话中不断提及上述信息，相信对方一定会感到自己受到重视和尊重。有一则有趣的新闻，360 公司给京东公司一名快递员送了一面锦旗，因为这名快递员认识 360 公司 70%以上的员工，每次送快递都能够叫出对方的名字，并且能够关照到对方的一些小细节。所以，让对方感到受重视，满足对方被尊重的需求并不难，只要你真心地对对方感兴趣，愿意记住对方的一些细节，就可以了。

4.5 同事聊得很嗨，我插不进去话

情境

某个职场新人吐槽：“我今年才毕业，在一家企业上班，周围的同事都是一起工作几年的，而且用当地方言交流。同事们说话快了，我也会偶尔听不懂。因为我性格比较慢热，刚开始的时候不太容易和别人亲近，又不会说方言，我就觉得

很难融入进同事中的圈子。他们说话，我基本上插不进话，偶尔说两句，没人理我，觉得好沮丧，显得格格不入。”

情境分析

职场新人到一个新的工作环境，面临一系列的问题，其中融入团队就是一个大问题。要想融入团队就要和同事交流、沟通。

一个单位一定是以工作为核心、为纽带把人团结在一起的，但也不可否认，人是有感情的动物，所以单位还有一条纽带就是情感。适度的情感交流既能够密切关系，又可以缓解压力。

同事间情感的交流除了在工作中共同解决问题，建立荣辱与共的情感外，工作以外的交流必不可少。这种交流通常是非正式的，如聚餐的时候、午休的时候、茶歇的时候。如果你想和同事建立比较好的关系，一定不要错过这些交流的机会。

和同事聊天可以聊些什么？**可以聊非正式话题，但不要议论领导或同事。**

非正式话题就是工作内容以外的话题，可以是政治、经济、个人生活、家庭、孩子，还可以是个人爱好、新闻八卦，这些话题都可以谈。越是轻松的话题，越是大家都关注的话题，越适合多人一起交流，越容易聊到一起去。因为人的本质都是向往快乐的，所以尽可能选择一些轻松的、有趣的话题来聊。

但要注意，不要议论领导或同事，尤其是多人在场的时候。即便两个人，也要注意不是对谁都可以随便暴露自己对领导和同事的态度的。

小冯刚到一个单位，李姐对她照顾有加，经常和她一起去食堂吃饭，两个人也很聊得来。时间久了，李姐就会给她讲一些单位以前的事情，说某个领导是靠岳父上位的，说某个领导其实没啥水平。小冯一开始就是听，也不说话。有一次，李姐又说起现在的部门经理，总是冷个脸，不知道给谁看。小冯就忍不住说了一句：“我也很怕他，不知道他是真不高兴，还是假不高兴。”后来，小冯注意到部门经理看见她的脸色不对，以前偶尔还笑笑，现在一点也不理她了。让小冯觉得后背发凉，再也不敢随便和同事说领导的事了。

别人和同事都聊得很嗨，就你插不进去话，到底该怎么聊？聊天看上去平常，但聊好了也不容易，需要一些积累和基本功。

要有一定信息量

谈话是信息的交流，如果你的信息匮乏或与别人的信息不对等，交流起来就很困难。比如，同事最近都在追剧，大家对剧里面的人物和情节如数家珍，而你对此一无所知，那就没有办法交流。所以，聊天聊得好，的确需要你关注一些热点话题，如果你对某些领域比较有研究，又正好是大家需要的，你会发现大家对你的关注度就比较高。比如，你会烹饪，你的游戏打得好，身边就有可能聚集一些粉丝，拉进你和同事之间的关系。

要真心关注同事

关注同事一定是真心的，因为只有你关注别人，别人才关注你。关心同事，要关注他所关注的。比如，同事孩子最近高考，你就可以和她聊聊高考；同事亲人生病了，就可以聊聊健康。有一个朋友和我说，单位一个同事家孩子高考，本来两个人交集不多，但他给那个同事发了短信，祝福考试成功，后来那个同事特意在一篇文章当中提到了这件事情，表示非常感动。

要懂得适可而止

凡事有度，与同事交流也要适可而止，从谈话内容上，不要过多的自我暴露；从谈话的形式上，不要总是把自己设为话题中心；从谈话的时长上，不要滔滔不绝说起来没完。

4.6 朋友说我说话太直，不会拐弯

情境

[例 1] 女：“老公，把碗刷了呗！”

男：“一吃完饭就不干活，你一天还能干点啥？”

[例 2] 员工：“领导，这个地方我不会弄。”

领导：“都是废物，还得我自己来。”

[例 3] 老公：“这一天忙死我啦。”

老婆：“你们单位那么多人就显你一个，忙死活该。”

[例 4] 甲：“你这东西也太贵啦！”

乙：“便宜没好货，好货不便宜。”

[例 5] 甲：“我老婆今天又没擦地。”

乙：“你应该委婉点儿告诉她得天天擦地。”

情境分析

这几种回应给你什么感觉？是不是听了不太开心呢？问题出在哪里？你平时是不是也会这样讲话呢？听了这样的话让人如鲠在喉。

在生活中，遇到一个会说话的人是一件让人高兴的事情；遇到不会说话的人则让我们很无语，你遇到过一张嘴就让你心塞的人吗？

一个同事对另一个同事说：“我家孩子 5 个月就长牙了。”结果听到这话的同事说了一句：“那算啥呀！我家孩子 4 个月就长牙了！”如果是你，听到这句话是什么感觉？

生活中会说话的人不多，一句话让人透心凉的却不少。有的人认为是自己说话直，其实是不懂得什么样的反馈是好的反馈。

反馈的方式有很多种。可以是表情，你给我讲一个笑话，我付之一笑；可以是动作，你说了一个观点，我频频点头；可以是语言，你对世界杯进行评论，我也发表见解，这都是反馈。

否定式反馈

说话直主要的原因是习惯于否定对方、给出一个直接的建议或不关照对方的情绪或感受。这些都是否定式反馈（见图 4-4）。

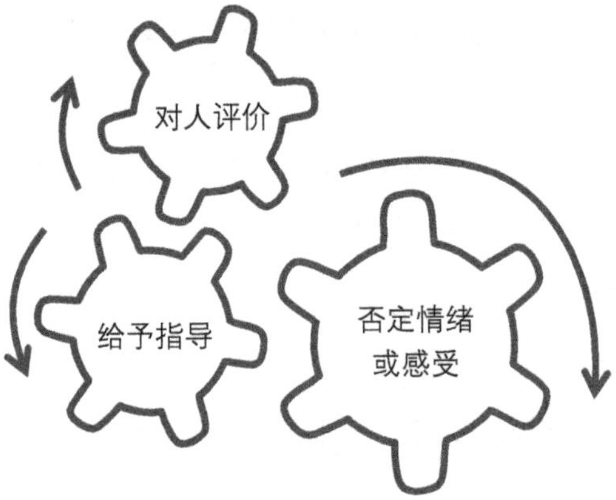

图 4-4　否定式反馈

对人评价

例 1、例 2、例 3 都对说话人给予了评价，而且还是负面的评价。“一吃完饭就不干活，你一天还能干点啥”说的是你这个人不行；“都是废物，还得我自己来”说的也是你这个人不行；“你们单位那么多人就显你一个，忙死活该”说的也是你这个人不行。当我们被别人评价不行的时候，心里是什么感觉？心里会有抗拒，为了证明自己行，就会争辩。

否定情绪或感受

［例 4］“便宜没好货，好货不便宜”是对对方感受的一种否定。

给予指导

［例 5］“你应该委婉点儿告诉她得天天擦地”是给对方明确而具体的指导。当别人给我们明确而具体的指导时，你会感觉对方把自己放在比你更高的位置上，高高在上地俯视你，让你产生被轻视的感觉。

所以，否定式反馈的后果是对方会反驳、辩解、不接受。好话也需要用好的方式表达出来。

积极式反馈

积极式反馈的七个基本原则

与否定式反馈相对应的是积极式反馈，积极式反馈表明你足够重视对方，能够激发对方的善意，使谈话朝着积极的方向发展。积极式反馈的基本原则有以下七个。

原则 1：及时。人们总是很关注自己受尊重的程度，有着极其敏感的自尊心，因此，当对方需要反馈的时候，及时的反馈显示一种积极的态度。孩子回来和你说：“妈妈，今天我考试又考了第一。”如果你没有及时反馈，孩子会多说几次，或者拉你的手希望引起你的注意。成年人在没有得到及时反馈的时候，往往用沉默或再也不和你交流来表示抗议，所以要用及时反馈来满足大家受尊重的需求。当然，当对方负面情绪比较激动的时候，要适当延迟反馈。

原则 2：确切。“你做得很好”这样的反馈太笼统，不够具体、确切。确切的反馈应该包含细节，所以如果想表扬对方，说“你干得不错”，就不如说“你的报表总是干净，整洁，没有错误，真是太棒了”给人的感觉更好。

刻意练习

把下面这些话改成更具体、确切的表达。

A．你最近成绩不错。

B．你又惹我生气。

原则 3：信息一致性。在反馈的时候，语言性、视觉性的反馈一定要一致。如果面部表情是不高兴的，语言的信息是比较开心的，就会令信息接收者产生困惑。所以，要注意你的表情、肢体语言，以及语音、语调与语言信息的一致性。

原则 4：接纳。接纳对方的情绪并积极共情。情绪没有错，否定情绪只会激发不满。

原则 5：双向反馈。当不满意反馈结果时，可将疑问反馈给对方，进行双向反馈。比如，当下属说“张总对我们部门的工作好像不太满意”时，你就可以问：“为什么有这种感觉？是什么事让你有这种感觉？”这就是双向反馈。

原则 6：正向信息。反馈的词语尽量使用正面、积极的语言，而不是否定的语言。比如“你总是把事情搞砸”是负面的语言，正面的表达应该是“我知道你一直努力想把事情做好”。

刻意练习

把下面的话转换成正面信息表达出来。

A．没有一件事是顺利的。

B．你一直都很焦虑。

C．我们永远没办法按时完成工作。

D．没有人问过你的感受。

E．如果你不是那样胖，你就可以变得更漂亮。

F．他们是故意的。

原则 7：建设性反馈。建设性反馈用于和别人意见部分或全部不同的时候。此时要先说出你同意的部分和为什么同意，再说出你不同意的部分和不同意的原因。

公司调度会上，计划部张部长说：“受台风影响，原材料的进港时间可能比预期的晚三天，这三天生产要受到一些影响。我想从给海南的那批原材料里调出一部分，拨给山东公司，这样对生产影响不大。”

生产部李部长："我同意张部长说的，台风肯定会让原材料供应受到影响。那么是从海南还是从其他地方调配原材料，我看还是要再考虑一下……"

在这个案例中，生产部李部长使用的就是建设性反馈，先肯定，再说自己的意见。

积极式反馈的三个角度

通常我们在倾听之后主要从事实、情绪和解决问题三个角度来进行反馈。积极式反馈的三个角度如图 4-5 所示。

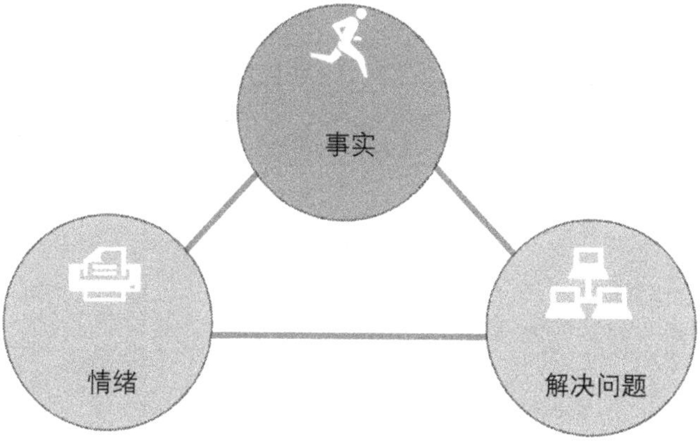

图 4-5　积极式反馈的三个角度

小李临时决定要去外地出差，下午 3：50 的火车，小李收拾好东西已经是下午 2：00 了，去火车站时间有点儿紧张，他一边拿着东西，一边说："这个时间点，不知道是不是还来得及？"

张强："50 分钟左右应该能到火车站。"

小陈："来得及，我上次也是这个时间出发的，不用担心。"

王丽："我开车送你吧。"

张强说"50 分钟左右应该能到火车站"，这是对事实的反馈；小陈说"来得及，我上次也是这个时间出发的，不用担心"，这是对情绪的反馈；王丽说"我开车送你吧"，这是对解决问题的反馈。至于在实践中采用什么样的回应方式，要结合情境，关注对方的需求来做决策。

当我们说一个人说话太直的时候，往往是指这个人只注意到了对事实或解决问题层面的反馈，而忽视了对情绪的反馈。所以，如果能在对事实或解决问题进行反馈之前，加上对情绪的反馈，效果就会好很多。比如，还是上面的情形，我们可以这样说："来得及，我上次也是这个时间出发的，不用担心。要不，我开车送你吧。"前面加了对感受和情绪的反馈，关照了对方情绪的需要，同样的语言，就显得舒服很多。

第 5 堂

会提问、挖内心

——学会问出神问题

5.1 提问，从哪里问起

情境

莉莉是财务部经理。按照公司规定，普通员工不允许乘坐高铁，一次审查时，她发现一分公司一名普通员工有高铁票要报销。

莉莉给一分公司经理打电话："我看见你们报销的单子里面有一张高铁票，按照公司规定是不予报销的，能和我说说是什么情况吗？

一分公司经理说："每次去总公司都是坐普通列车，常常晚点，那天有个特别急的文件要送到总公司去，我就让他坐高铁去了。这件事是我忘了和你打招呼，抱歉啊！看看能不能特殊处理一次呢？

莉莉："哦，原来是这样。这一次呢，你写一个说明，就给你们报销了。以后还是要遵守规定的。"

情境分析

这个案例中的提问，问得非常艺术，既探讨了背后的真相，又让对方产生了愧疚感。

提问是人类的本能，也是一项技术，这项技术的起点是，哪些点可以作为提问点。

通常我们的话语中包含三个要素：事实、结论和逻辑，如图 5-1 所示。

图 5-1　话语构成三要素

把对方语言中的事实、结论、逻辑都听懂了，才意味着你理解了对方语言中的信息。

比如，“我很喜欢读书。”这是结论。“我每天都要读书，每周差不多要读一本 200 页左右的书，每年要读 50 本左右。”这是事实。逻辑通常是隐含的，是大家公认的真理或道理。“我每天都要读书，每周差不多要读一本 200 页左右的书，每年要读 50 本左右，所以我很喜欢读书。”这段话隐含的逻辑就是读书多的人就是爱读书的人。

当你听了对方的话之后，如果没有结论可以问结论，没有事实可以问事实，对逻辑不认同可以问逻辑。

所以，**提问有三个关键点。**

提问关键点 1：有结论，无事实，可以问事实

比如，一个人说：“小王这个人不讲理。”他说的是一个结论还是事实呢？结论。这时候，我们可以问事实：“你为什么这么说？”

闺蜜和你说：“我觉得我老公不爱我。”“我老公不爱我”是一个很主观的表述，是结论而非事实，这时你就可以问事实。你可以这样问：“是什么事情让你觉得你老公不爱你呢？”你的闺蜜可能这样说：“我这边给孩子洗澡、哄孩子睡觉，忙得要死，他自己还在那儿玩游戏，根本不管我。”

这样的提问，就可以追问到结论背后的事实真相。

提问关键点 2：有事实，无结论，可以问结论

比如，一个人说：“上次，小王让我给他代购一件衣服，我帮他买了，也寄来了，他非说东西有瑕疵，让我给卖家差评。我说也不是大毛病，算了吧！结果小王说我和卖东西的是一伙的，合伙骗他。”他说的是事实，这时候你可以根据他说的事实和普遍的逻辑，用提问方式确认一下，你了解的结论和他要说的是否有偏差。你可以这样问：“你是说小王有点儿不讲理吗？”

闺蜜和你说：“我这边给孩子洗澡、哄孩子睡觉，忙得要死，他还自己在那儿

玩游戏，根本不管我。”这段话描述的是客观事实。这时候，你可以问结论：“你觉得你老公不爱你吗？”闺蜜可能说：“是呀！一点儿也不知道心疼我！”

这样的提问，就是尝试问出自己理解的结论，和对方进行确认，保证双方的交流在互相完全理解的基础上。因为当你问“你觉得你老公不爱你吗”这个问题的时候，你的闺蜜也可能这样说：“倒没有那么严重，就是觉得没有以前对我那么好了。”所以，当你和对方做了澄清，既表明自己听懂了，又表明对对方很关注的态度。

提问关键点 3：事实、结论都有了，可以问逻辑

一个人说：“上次，小王让我给他代购一件衣服，我帮他买了，也寄来了，他非说东西有瑕疵，让我给卖家差评。我说也不是大毛病，算了吧！结果小王说我和卖东西的是一伙的，合伙骗他。小王太不讲理了。”

这段话把事实和结论都说了，怎么问？可以问逻辑：“你觉得小王说你和卖家是一伙的，就是不讲理，对吗？”

5.2 我知道提问好，但就是不会问

情境

于洋是新来的净水设备促销员，经过短暂的培训之后就上岗了。他记着培训老师说不要上来就推销，顾客会被吓跑的，要经常提问，挖掘顾客需求，然后再介绍产品。等了半天，来了一位男性顾客，于洋走近这位男性顾客，问道：“先生，您家里几口人啊？平时用的什么样的净水设备？烧水的时候是不是出现过水垢啊？您对净水设备了解多少啊……”一连串的问题问下来，顾客气呼呼地说了一句：“你是十万个为什么呀？”转身就走了。于洋的问题出在哪里呢？

情境分析

当我们希望启发对方或了解更多信息的时候，不可避免地运用到提问的技巧，

而且现在大家也越来越认可提问的价值和作用。但是，也有很多人像于洋一样，用一连串的问题把顾客吓跑了。

提问是技术，很多人的提问方式单一，让提问变得枯燥无味，让被提问者倍感压力。下面介绍几种常用的提问方式。

提问方式 1：封闭式提问

孙女士去商场逛街，也没有太明确的目的，就是好久没逛街了，到了女装区，随便走进了一家店铺。

服务员热情地走过来，对孙女士说："姐，您是看看大衣还是毛衫？"

孙女士随口说："看看大衣吧！"

服务员说："姐，您是看双面羊绒的还是呢料的？"

孙女士说："那就看看双面羊绒的吧，呢料的太沉。"

服务员引导孙女士走到大衣展区前，问道："您喜欢艳色的还是素一点的？"

"颜色艳一点的吧，年龄大了穿颜色太素的不好看。"

"红的和米黄的您先试哪个？"

"先试试红的吧！"

孙女士试了红色的，感觉还不错。

服务员又问："姐，您是刷卡还是现金？

"刷卡吧，出来没想买衣服，没带那么多现金。"

观察购物的过程，你觉得服务员的提问有什么特点呢？服务员用的全部都是封闭式提问。

封闭式提问指答案有唯一性、范围较小、有限制的问题。提问时，给对方设定一个框架，让回答者在可选的几个答案范围内进行选择，这样的提问能够让回答者按照指定的思路去回答问题，不至于跑题。

封闭式提问是可以用"是"或"不是""有"或"没有""对"或"不对"等简单词语来作答的提问。"你说我说的对不对？""你有点饿了，是吗？"这类问题通常用“对不对”“会不会”“要不要”等形式提出，旨在缩小讨论范围，获得特定信息，澄清事实，或者使会谈集中于某个特定问题。封闭式提问的特点在于来访者可能的回答都包括在问题之中，易于回答，节省时间，但难以得到问句以外更多的信息材料，而且具有比较强的暗示性，不利于真实情况的获得。

王大娘在地铁口卖豆浆和茶叶蛋，每次卖完豆浆之后，她都问：“要不要茶叶蛋？”坐地铁的人通常忙着赶路，都说：“不要。”茶叶蛋卖得很少。有一天，一位营销人员买了豆浆之后，对王大娘说：“大娘，你试试这样问，就能卖得更多了。你一边拿豆浆，一边问：‘来一个茶叶蛋还是两个？’”王大娘将信将疑，但还是决定试试，于是再卖豆浆的时候，王大娘就顺口问一句：“来一个茶叶蛋还是两个？”奇迹发生了，茶叶蛋卖得多了起来。

刻意练习

现在你来总结一下，封闭式提问的好处是________________

封闭式提问的弊端是________________

你觉得封闭式提问适用于什么情况？________________

提问方式 2：开放式提问

有一次，一位女记者接连向白岩松抛出了两个刁钻的问题：“如果把节目的完美比作地平线的话，您认为自己距离地平线有多远？另外，您的新节目起点有多高？”

白岩松：“距离完美的地平线就一天的路程——明天，就在明天。至于新节目的起点嘛，是‘1.79 米’——这就是我的身高。”

这位女记者使用的提问方式就是开放式提问。开放式提问的答案是多样的，没有限制，没有框架，可以让对方自由发挥。

开放式提问通常用“怎么”“什么”“为什么”等词语发问，让对方对问题、事件给予具体的反应，引导对方说出更多的情况、想法、情绪等。

“你是如何看待网红现象的？”“过去一年里给你留下印象最深刻的事情有哪

些？”这些都是开放式提问。这类问题没有固定的答案，给予对方充分的表达空间，且不具有暗示性，能够获得更多的信息。

克林顿在做美国总统之前是得克萨斯州的州长。克林顿是当时比较年轻的州长，可是没想到他在第二届州长竞选中落选了。他落选以后做了一件很重要的事情——经常到市民当中，询问：“在我任职的时候，我哪点做得好？我哪点做得不好？如果我再做州长，你们希望我哪些地方做得更好？”带着这些问题，他走访了成千上万名市民。克林顿在又一届的州长竞选当中第二次当选，真正踏上了通往白宫的高速路。

下面比较一个开放式问题和一个封闭式问题，来体会它们的不同。

你的朋友经常一个人出去锻炼，因此被老婆抱怨没有时间陪伴自己。如果用提问的方式来启发朋友的话，你认为应该如何提问。可以问封闭式问题，也可以问开放式问题。

封闭式问题：有没有和你老婆一起锻炼的可能呢？

开放式问题：有什么办法能让你和你老婆一起锻炼呢？

这两种提问方式哪一种更好呢？

刻意练习

现在你来总结一下，开放式提问的好处是________________

开放式提问的弊端是________________________

你觉得开放式提问适用于什么情况？________________

提问方式 3：祈使式提问

小川参加艺术考试，本来抱着满满的信心，以为自己肯定没有问题，结果前一天感冒了，第二天脑袋昏昏沉沉地去参加考试，稀里糊涂地漏答了卷纸，与心爱的大学失之交臂。发榜之后，小川的心情极差，把自己关在屋子里不愿意出门，也不见任何人。爸爸妈妈看到他这种状态很是着急，只好向小川的表姐求助。表姐来了之后，坐在小川的床上，看见小川面向墙躺着，一言不发。表姐轻轻地拍着小川的肩膀说："小川，你愿不愿意和表姐说说你的心里话？你能说说你想怎么做吗？"

过了半天，表姐看到小川的肩膀一动一动的，传来了轻轻的抽泣声："表姐，其实我上哪所大学都行，就是不能和我喜欢的女孩一起读大学了……"

上述例子中的提问是祈使式提问。祈使式提问表面上看是封闭式提问，可以用"是"或"否"来作答，但实质上它是一切问句中最开放的，可以用来引发对情感、问题或想法更详细的谈论。

"你是否愿意和我说说你对这起事故的看法？""你能谈谈在这个事件中你的感受吗？""你介不介意我问你和前男友之间的关系？""我能不能问问什么事情让你开始变得不愿意与妈妈交流了？"类似这样的提问都是祈使式提问。如果你问一句对方答一句，你会感觉两个人之间的气氛有点儿尴尬。祈使式提问可以使问题软化，降低问题的攻击性，并且因为把是否回答问题的权力交给了回答者，使得回答者的感受更好。

刻意练习

现在你来总结一下，祈使式提问的好处是______________________

祈使式提问的弊端是______________________

你觉得祈使式提问适用于什么情况？______________________

提问方式 4：间接式提问

李晨还有半年多就大学毕业了，他的同学要么在着急地找工作，要么在复习考研，只有李晨不着急就业，也不张罗考研，妈妈很想找他谈谈。要怎么开口呢？妈妈想了好几天，有一天吃饭的时候，妈妈问李晨："我对你毕业后的计划很好奇，能跟我说说吗？"

李晨说："我都想好了，我和几个高中同学策划了一个项目，准备先创业。"

妈妈很好奇地问："这样啊，你们肯定有自己的想法，能和我说说你们创业的想法吗？"

案例中李晨妈妈用的就是间接式提问。间接式提问也被称作隐含式提问。常常以"我感到好奇"或"你肯定"作为开头。当你对对方的想法感到好奇，又不希望带给对方压力的时候，可以使用间接式提问。

"我很好奇，当你这样做的时候，你真实的想法是什么？""你肯定对这件事情有想法，能跟我说说你的想法吗？"这些都是间接式提问。

开放式提问有时候会让人产生咄咄逼人的感觉，如果使用间接式提问，以一种对对方好奇和关切的态度来了解对方的真实想法，能够使问题更容易被对方接受，不会给对方以压迫感。

刻意练习

现在你来总结一下，间接式提问的好处是________

间接式提问的弊端是________

你觉得间接式提问适用于什么情况？________

提问方式 5：投射型提问

2001 年白岩松在《午间一小时》节目中采访樊京辉和逄飞。

白岩松："那樊京辉，比如说在他谈的时候，你们俩有个共同点，就是似乎强调主动的因素更多一点儿。那么如果现在回头看，你当初在大学的时候，学的不是数学系而是一个非常热门的系的话，是否会有今天的这个漂流状态。"

樊京辉："很可能没有。"

白岩松："那么逄飞，你学的是哲学，如果学的是计算机的话，你会否有一个漂流的状态？或者医学，因为曾经你也想学医学。"

逄飞："对，如果学了医学的话，我想可能还是会转到哲学上来，因为我比较喜欢这种思想。"

白岩松：“今天在我们现场请进了一位特殊嘉宾叫侯玉波，他是北京大学心理学系的博士。刚才樊京辉也好，逢飞也好，都简单地叙述了一下他们漂流的起点和最初的过程。那么以您现在的分析，如果他们当初走出校园，第一步走得顺利，他们是否还会有之后的一系列漂流的过程。”

在这个采访里大量地运用了以“如果”开头的提问，这种提问方式就是投射型提问。投射型提问是以某种假设开始的提问方式，这样的提问创造了更广阔的思考空间，使提问者的思维更加发散。以“如果”“假如”开头的问题都是投射型提问。

“如果没有任何限制，你愿意过怎样的人生？如果回到 20 岁，你将如何选择生活？”这些都是投射型提问。

我们曾经做过这样一个练习。

一个女孩说自己的男朋友不是很有上进心，因为这点，她对这段感情有点犹豫，这时候，我们运用投射型提问，帮助她厘清思路。

大家问了以下这些问题：

- 假如他很有上进心，变得更加优秀了，他的择偶标准会不会改变呢？
- 假如他变成了积极上进的人，对你来说意味着什么？
- 假如你是一个超级自信的人，你对男朋友会是什么样的要求呢？
- 假如你站在他的那个位置看你自己的话，你觉得如何？
- 假如他是别人的男朋友，你觉得这个人怎么样？
- 假如你们已经结婚了，你还会看重上进这个品质吗？
- 假如你了解他行为背后的正面动机，你是否能理解他呢？
- 假如有一个人满足你所有的要求，你要做到怎样才能吸引到那个人呢？
- 假如你特别宽容，你还会这样要求他吗？
- 假如他已经很上进、很优秀了，你需要怎么努力才能与他般配呢？

在这个过程中，我们并没有让女孩做任何回答，只是让大家提出问题，结果最后女孩说：“这个男朋友还是留着吧！”

投射型提问帮助我们去掉思维的条条框框，使我们可以沉下心来，思考更多的可能性。

刻意练习

现在请你来总结一下，投射型提问的好处是________________

投射型提问的弊端是________________________________

你觉得投射型提问适用于什么情况？________________

5.3 我问了，可是对方不愿意说

情境

黎明注意到同事小周最近脸色不好，上班有时还打瞌睡，工作倒没有大的差错，但也没表现出特别积极。这和他之前的表现大相径庭，黎明特别想知道小周最近出了什么问题。于是，一次会议之后，两个人并肩回办公室，黎明问道："小周，我看你最近状态不好，有什么事吗？""没有，没有。"小周连忙说。黎明说："我明明看见你状态不好，怎么就没事呢！"小周说："我要去取快递，先走啦！"

情境分析

无论是在聊天过程中还是在讨论问题的时候，都会出现这样的情况，就是你问了问题，但对方并不愿意回答，这是为什么呢？因为你没有营造一个轻松的、安全的谈话氛围。

崔永元在《不过如此》中深有体会地写道："好的谈话就像漫步聊天，话题忽上忽下，忽左忽右，却不会偏离主题。一会儿你是谈话的组织者，一会儿他是谈话的发起者。有话则长，无话则短。因为轻松，所以避免了言不由衷。"因为轻松，所以能够真诚交流。轻松的背后是安全感。

在谈话中，建立安全感是非常必要的。在《关键对话》这本书中，作者写道："对于对话机制来说，组织观点交流的最大元凶，莫过于恐惧感了。当你担心对方拒绝接受你的看法时，你便会表现得非常强势，迫使他们接受自己。当你担心说出真实看法会受到某种伤害时，你便会犹豫畏缩，隐瞒内心。显然，无论是对抗还是逃避，这些反应都是由恐惧感催生的。与此相反，只要在对话中营造出足够安全的氛围，你就可以随心所欲地讨论任何问题。"

建立安全的谈话氛围可参考以下几个原则。

原则 1：自我暴露在先

当你希望对方回答你的问题的时候，有一点是必须注意的，就是要让对方愿意回答你的问题。在两个人的沟通中，首先自我暴露，然后再提问，是卸下对方盔甲、营造安全氛围的好方法。在询问对方的个人隐私或观点的时候，为了营造安全氛围，我们可以这样讲："我在企业做人事工作，请问您是做什么的呢？""我昨天去看了《战狼 2》，很不错的电影，你去看了吗？""我不觉得工作以失去生活为代价是对的，你怎么看？"

自我暴露+提问可以很好地帮助你建立安全的谈话氛围。

原则 2：考虑对方利益

当对方的谈话充分考虑你的利益时，即便对方与你的观点不一致，甚至意见很尖锐，你依然愿意尊重对方的观点，安全地接收这些信息，因为你相信对方的能力和动机。比如，好朋友处了一个男朋友，两个人如胶似漆，但是这个男孩很能花钱，总是把好朋友的工资花光。有一次，我忍不住对好朋友发火，说："你为什么不能擦亮眼睛？一个男孩子自己不好好挣钱，还花女朋友的钱，这样的人值得继续处下去吗？"后来，好朋友和我说："看见你那天又气又急的样子，我想我真的可能错了。想想我们交往这么长时间，都是我花钱，我都不知道他是不是真的爱我？后来才知道，爱你的人是舍不得你受委屈的。"在这个例子中，即便我发了火，好朋友仍然愿意接受我的意见，因为她知道我是为了她好。

原则 3：敏锐察觉情绪

当谈话不够安全的时候，你要注意观察对方说话的状态，包括肢体语言、表情、语音、语调等的变化，以便能够觉察对方情绪的变化，了解对方是否处在一个非常安全的对话环境中。比如，对方将原本垂着的胳膊突然抱紧，把双手交叉放在脑后，脚尖对着门口，皱起了眉头，嘴角下垂，声音突然变得尖锐或陷入沉默，等等，都说明对方可能感觉到了不安。当你察觉到这些情绪的时候，要调整对话策略，转向对方感觉安全的话题或沟通方式。

原则 4：减少负面评判

当对方的观点总是被负面评价、抨击的时候，对方会陷入愤怒状态、对抗状态，为了维护面子和自己的正确性，思想会变得非常狭隘，看不到更广阔的思想。这时候，对话就不再安全了。所以，在做出负面评价的时候，要注意方式、方法。

原则 5：善用幽默元素

幽默是语言的一剂良药，能够化解尴尬，能够增进亲密度，能够降低对抗性。

原则 6：学会自我解嘲

自我解嘲一种最高级的幽默，是把自己放在被嘲讽的地位，以乐观、豁达真诚的态度放低自己的姿态，达到娱乐大家、抬高别人的目的。比如，和审美好的人在一起自嘲品位，和读书多的人自嘲学问等。但自嘲不要过度，不要过假。比如，明明很瘦，还当着胖子面自嘲胖就不是很合适。我觉得有一句话说得非常好：永远记住，让别人觉得有比你强的地方，是自嘲的根本原则。

原则 7：自己首先放松

两个人在一起交谈，如果一个人的状态很紧张，对另一个人也是有影响的。心理学里面的“照镜子”效应中有一条规律：我们对别人所表现出来的态度和行为，别人往往会做出同样方式的反应和回答。与人打交道时，我们发现自己的待人态度会在别人对我们的态度中反射回来。如同你站在一面镜子前，你笑时，镜子里的人也笑，你皱眉，镜子里的人也皱眉一样。所以，你放松，对方才会放松，谈话氛围才会比较轻松。

5.4 问得太多，有点咄咄逼人

情境

新员工小王接到一项任务，要为公司找几家资质合格的广告商进行合作，并且需要这些广告商提供一系列证件。小王接到任务后，从网上搜到了一些比较大的广告商，开始给广告商打电话。他是这样打电话的：“你好，我是某某公司。请问是某某广告公司吗？你们有某某资质吗？你们能给三个月的账期吗？你们……”结果打了一天电话下来，没有找到合适的广告商，有的甚至连电话都没有听完就撂了电话。你觉得小王的问题出在什么地方？

情境分析

小王很希望了解对方的一些信息，于是用一串提问、追问希望获得自己想要的，却不懂得你只有让对方想说话，才能获得你想要的。

有的人提问时就像连珠炮一样，问题一个接着一个，让人应接不暇，感觉咄咄逼人。这样的提问完全没有考虑对方的感受，只会激发对方内心的抵抗和不满。我们一直强调沟通都是利他的，只有你的问题对方愿意回答，你才会得到答案。所以，如果你的问题让对方感到压迫和不舒服，你并不能得到你想要的东西。

明确提问的目的

为了让提问更加有的放矢，达到目的，有必要明确一下提问的目的。

获得更多信息

通过提问可以探寻提问者不知道的或感兴趣的信息。最典型的就是面试，应聘者会被询问年龄、爱好、特长、工作经历等，目的就是获得更多信息。

鼓励他人表达

在交流过程中，提问也可以鼓励他人表达自己的思想和感受。“你怎么看待这个人？”“我很好奇你对欧洲的印象是什么样的？”这些都是鼓励表达的提问。

引导谈话方向

当我们希望谈话按照预想的方向进行的时候，提问是一个好办法。比如，封闭式提问能够很好地引导谈话方向。

激发思维潜能

比如，项目遇到问题的时候，领导问：“你有什么好办法吗？”“除此之外，我们还可以怎么做？”这样的提问能够激发我们更深入地去思考问题，寻找办法。

所以提问不是炫技，不是制造危机，不是显示自己，而是探寻答案。

让提问柔和的方法

如果想让提问达到目的，必须用对方愿意接受的方式提问才行。

请教式提问

好为人师是每个人的内心趋向，当你以请教的方式提问的时候，无形中把对方放到了师者的位置，能够激发起对方的自尊心和荣誉感，更愿意回答你的问题。

公司一个新产品投产，设计部需要工艺部按照图纸做出一个样品，设计部王经理找工艺部张经理商量这件事。

提问方式一

王经理：“张经理，你看这个样品什么时候能出来？我们着急做测试。”

张经理："前面还有其他任务，等几天吧。"

提问方式二

王经理："张经理，得请教您，有没有什么办法能让样品在三天之内做出来呢？"

这两种提问方式，对方显然更愿意接受第二种。

引导式提问

在陈述一定事实的基础上，引导对方给出相应的信息。

小王希望了解广告公司的一些详细信息。

提问方式一

小王："你好，我是某某公司。请问是某某广告公司吗？你们有某某资质吗？你们能给三个月的账期吗？你们……"

提问方式二

小王："你好！我是某某公司小王。我们正在寻找资质合格的广告商进行合作，目前已经找到了三家，它们非常愿意和我们合作，已经为我们提供了营业执照、法人代表等信息，现在我们也想了解一下贵公司的一些基本情况。"

第一种提问方式大家都不愿意回答，而第二种提问方式说明了询问的意图，并且列举了其他广告公司的成功案例，更容易引导对方回答问题。

肯定式提问

用一种肯定的语气提出问题，更好地引导对方。

提问方式一

你们公司有资质吗？

提问方式二

为了合作，我们需要广告公司提供资质证明材料，您愿意提供吗？

5.5 问了一大堆，还是不能解决问题

情境

林雪特别喜欢晚上刷微信、看电影、追剧，每天不知不觉就到了十一二点，等到上床的时候差不多就快一点了。结果第二天不愿意起来，脸上也起了很多痘痘。在单位聊天的时候，她分别和王姐、李姐谈起自己的烦恼。

王姐："你们年轻人啊，睡得那么晚，身体能好吗？我告诉你，你就早睡，十点多就上床，十一点之前必入睡。早晨早点起来，一天精神都足，脸上的痘痘自然就没有了。"

林雪："呃……"（很尴尬）

李姐："脸上的痘痘越来越多，是吗？"

林雪："是呀。我还想找对象呢，人家一看一脸痘痘，多难看啊！"

李姐："那你想象一下，要是脸上一点痘痘都没有，那是什么样啊？男孩看到你的时候是什么表情？"

林雪（陷入沉思）："嗯，要是脸上没有痘痘，我也可以打扮漂亮点儿，脸上再也不会起皮了。（羞涩地笑了）其实脸上要是没有痘痘，我觉得自己长得还挺好看的。"

李姐："那你要不要早点睡啊？"

林雪："嗯，从今天开始，我就早点睡。"

王姐和李姐两个人的聊天方式，哪个效果好一点呢？为什么？

情境分析

从效果来看，李姐的话对林雪更有效，促使林雪自己下定心更改作息时间。虽然李姐可能没有学习过教练技术，但她不自觉地运用了教练技术的谈话框架，并且取得了很好的效果。那么林雪为什么更愿意接受自己提出的方案，而对王姐

的建议持有保留意见，甚至反感呢？因为当我们被给予明确而具体的指导的时候，会感到被对方主导，而当我们自己提出意见和建议的时候，为了保持一致性，我们更愿意去实施。

很多人没有机会系统地学习教练技术，但仍然可以应用教练技术的对话框架，帮助自己更好的沟通。

第一个框架：GROW 模式

GROW 模式是教练技术中经常用到的一种模型，我对 GROW 模式的认识和了解来自托尼・斯托茨福斯的《提问的威力》这本书。

GROW 模型包括四个部分，如图 5-2 所示。

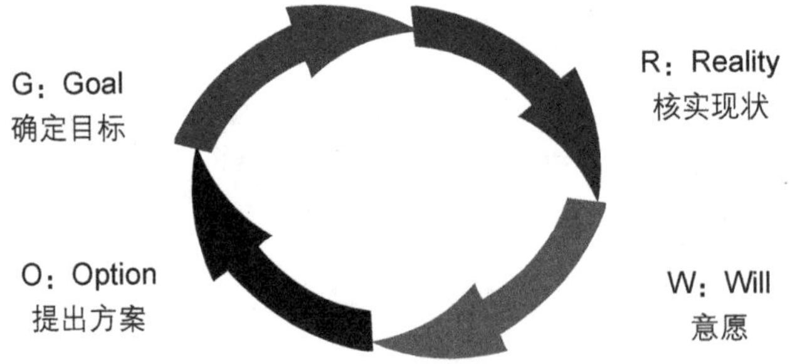

图 5-2　GROE 模型

之所以没有学过教练技术的人也可以用好这个框架，是因为这个框架符合人们思考与表达的习惯，与普通人思考和解决问题的思考方式具有一致性。

我在讲解这个框架的时候，有一位学员说："老师，我之前没有听说过这个框架，但在律考之前就是运用了这个框架帮助自己分析的。我首先确定了自己的目标，要在两年内通过律考。然后又分析了自己的现状，虽然是学法律出身，但上学的时候学得不扎实。我又思考了一下学习的方案，有两种方式，一种是报班，另一种就是自学。我先去辅导班试听了一下，感觉自己更适合自学，于是就重点考虑了自学的方式。在学习前，我对任务进行了分解，制定了学习进度表，每天按照进度表完成，结果第一年就通过了律考。”

那么如何运用这个框架呢？我们看一个案例。

老师：“你想通过学习沟通，达到什么目的呢？”

学员：“想学会好好说话。”

老师：“想学会好好说话。现在沟通方面，你的困惑是什么？”

学员：“有时候说话太生硬了，有时候找不到话。”

老师：“哦，有时候说话太生硬，有时候找不到话。你觉得提高沟通能力，除了听课之外，还有什么其他渠道或方式？”

学员（陷入沉思）：“嗯，多与人交流，多和人聊天。”

老师：“除此之外，还有什么办法呢？”

学员：“嗯，还可以看书。”

老师：“看书也是个不错的办法。除此之外，还有什么办法呢？再想想。”

学员（陷入更深的沉思）：“看电视是不是也行？我最近在看《中国式关系》。”

老师：“这也是一个不错的想法，聊天、看书、看电视剧。你最想先用哪种方法呢？”

学员（笑了）：“还是先看电视剧吧，我最近正看得上瘾。”

老师：“在我没有提问之前，你有没有意识到看电视剧是可以学习沟通的呢？”

学员：“没有。老师你这么一说，我以前看电视都白看了，白白浪费时间了，这回可以边看边学习沟通了。”

通过刚才的例子，你是否理解了 GROW 框架？

刻意练习

请补全以下对话。

学员：老师，我马上就要大学毕业了，很多同学都收到录用通知了，可是我还没有遇到合适的公司。

老师：______________________________

学员：我还是比较看重发展前景，最好是成长期的公司。

老师：____

学员：现在能看重我的公司都是传统企业，我不太想去。

老师：____

学员：我现在采取的方式就是给几家公司都投了简历。

老师：____

学员：前一阵，有学姐回来了，说可以帮我联系下她们公司。嗯，其实可以找其他学哥学姐帮忙。

老师：____

学员：我听说上届有个学哥想去一家互联网公司，就给那家公司写了一份市场调研报告，后来就被录取了，我也可以试试。

老师：____

学员：办法么？一下让我想起我大二实时候实习的那家企业，当时在那做得还不错，人家对我也较满意，要不我再联系一下。

老师：____

学员：嗯，我先联系一下我实习的那家企业吧，我觉得成功率更高一些。

第二个框架：成果框架

下面我们来看看电影明星周迅的一段回忆。

十八岁之前，我是个不知道自己想要什么的人，那时我每天就在浙江艺术学校里，跟着同学唱唱歌、跳跳舞。偶尔有导演来找我拍戏，我就会很兴奋地去拍，无论多小的角色。

如果没有老师跟我的那次谈话，那么也许直到今天，仍然没有人知道周迅是谁。那是 1993 年 5 月的一天，教我专业课的赵老师突然找我谈话："周迅，你能告诉我，你对于未来的打算吗？"

我愣住了。我不明白老师怎么突然问我如此严肃的问题，更不知道该怎么回答。

老师问我："现在的生活你满意吗？"

我摇摇头。

老师笑了："不满意的话证明你还有救。你现在就想想，十年以后你会是什么样子？"

老师的话音很轻，但落在我心里却变得很沉重。我脑海里顿时开始风起云涌。沉默许久，我看着老师的眼睛，忽然很坚定地说："我希望十年后的自己成为最好的女演员，同时可以发行一张属于自己的音乐专辑。"

老师问我："你确定了吗？"

我慢慢地咬紧着嘴唇回答"Yes"，而且拉了很长的音。

老师接着说："好，既然你确定了，我们就把这个目标倒着算回来。十年以后，你28岁，那时你是一个红透半边天的大明星，同时出了一张专辑。那么你27岁的时候，除了接拍名导演的戏以外，一定还要有一个完整的音乐作品，可以拿给很多很多的唱片公司听，对不对？"

"25岁的时候，在演艺事业上你就要不断进行学习和思考。另外，在音乐方面一定要有很棒的作品开始录音了。"

"23岁就必须接受各种培训和训练，包括音乐上和肢体上的。"

"20岁的时候就要开始作曲、作词。在演戏方面就要接拍大一点的角色了。"

老师的话说得很轻松，但是我却感到一阵恐惧。这样推下来，我应该马上着手为自己的理想做准备了，可是我现在却什么都不会，什么都没想过，仍然为小丫鬟、小舞女之类的角色沾沾自喜。我觉得有一种强大的压力忽然朝自己袭来。

老师平静地笑着说："周迅，你是一棵好苗子，但是你对人生缺少规划，散漫而且混乱。我希望你能在空闲的时候想想十年以后的自己，到底要过什么样的生活，到底要实现什么样的目标。如果你确定了目标，那么希望你从现在就开始做。"一年以后，我从艺校毕业了，老师的话从那天开始一直刻在了我的心底：想想十年后的自己。是的，当我意识到这是一个问题的时候，我发现我整个人都觉醒了。

从学校毕业后，我忙于接拍各种各样的影视剧。我始终记得，十年后我要做最成功的明星，所以，对角色我开始很认真地筛选。后来我拍了《那时花开》，拍了《大明宫词》，我渐渐被大家接受，也慢慢地尝到了成功的快乐。

2003 年 4 月，恰好是老师和我谈话后的十周年，我不知道这是偶然还是必然，我居然真的拥有了属于自己的第一张专辑——《夏天》。其实你也和我一样。如果你能及时地问自己一句："十年后我会怎么样？" 你会发现，你的人生就会在不知不觉中发生变化。时刻想着十年后的自己，你会朝着自己的梦想越走越近。

注：摘自《党政论坛（干部文摘）》2013 年第 5 期。

周迅的老师没有学过教练技术，却会运用教练技术中的成果框架。在玛丽莲·阿特金森与蕾·切尔斯合著的《被赋能的高效对话》中，非常详细地介绍了成果框架。

成果框架包括四个主要问题，如图 5-3 所示。

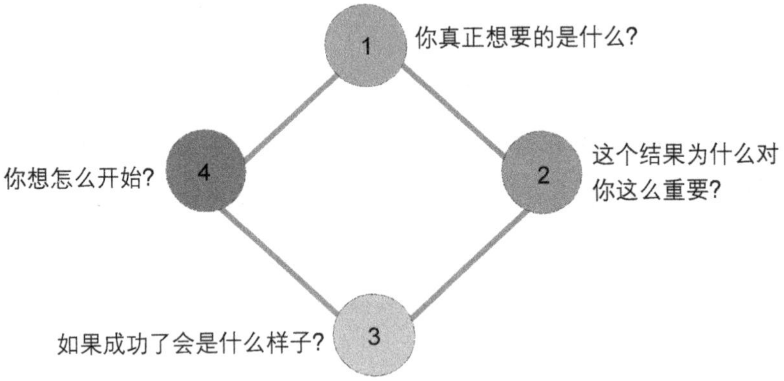

图 5-3　成果框架

成果框架与 GROW 框架的区别在于成果框架能更好地激发人们达成目标的欲望。通常一个人的欲望越强烈、想法就越多，达成目标的可能性就越大，而成果框架能很好地激发人的动机。

那么如何运用成果框架呢？我们看一个的案例。

张明正在学习驾驶汽车，为考取驾照做一系列准备。但每次去练车，张明都要等很长时间，工作也很忙，去练车的时候就比较少。再加上家离工作单位很近，他上班步行、坐车都可以，所以考驾照的积极性不高。但是，他爱人李丽要求他必须考驾照，因为李丽不敢开车上高速公路，如果张明也不会，那就没有办法开车出去旅行了。现在距离最后的考试截止时间就剩下三个月了，张明还是打不起精神去练习，只好向朋友求助，如果你是陈张明的朋友小高，你会怎么说呢？

张明："我知道考驾照很有用，可就是不想去，怎么办？"

小高："你觉得考驾照真正的目的是什么？"

张明："还有什么目的，老婆让学就学呗。"

小高："我很好奇，你老婆让你学你就去学了？你有没有一点自己的想法在里面呢？"

陈明："有一点吧！我想出去旅行的时候，可以自己开车。"

小高："为什么一定要自己开车呢？你真正想要的是什么？"

张明："嗯，我想带着我妈出去旅游。"

小高："你有没有想过，你带着你妈出去旅游，车里放着音乐，行驶在高速公路上，那是什么情景呢？"

张明（陷入沉思）："嗯，我想我妈肯定很开心！车里放着我妈妈最喜欢的蒙古族歌曲，路边的树刷刷往后倒，最好是在大草原上，我妈妈一直想去草原……"

小高："嗯，你现在想去考驾照的愿望有没有更强烈一些？"

张明："有啊！一想到我妈高兴的样子，我恨不得现在就开车去草原。"

小高："那你怎么协调好练车的时间呢？"

张明："我可以每周周末去啊！"

小高："除了周末去，还有什么办法呢？"

张明："嗯，我就剩一科了，我想可以请一个私人教练吧！那样就不用排队了，练习的时间也可以自己安排。这样的话，我很快就能通过考试了，很快就能带我妈去旅行了。"（这样说的时候，张明的脸上不由自主地浮现出笑容。）

刻意练习

白露的孩子今年参加高考，去外地读了大学，这让白露有了大量的空余时间。原来孩子读书的时候，天天围着孩子转，每天过得紧紧张张，现在孩子突然不在家，白露反倒不知道干什么了。原来想孩子上了大学，自己可以做很多事情，可是现在根本提不起精神，每天恍恍惚惚，过得很难受。她和张洁倾诉，我们看看她们的对话。

白露："我现在一回到家心里空落落的，不知道干点啥好，看电视也看不进去，你说我干点啥呢？"

张洁："嗯，干点啥呢？如果没有任何限制，你想过一种什么样的生活？"

白露：什么样的生活？我想过什么样的生活？

张洁：____

白露：我的理想？我年轻的时候，特别喜欢画画。我还在我们学校的画画比赛里获过奖呢！

张洁：____

白露：当然想，可是都多少年啦？我都 20 多年没画过画了。

张洁：____

白露：画画让我自由吧！而且你知道吗？我小的时候，学的最好的就是画画，我们班黑板报的画都是我画的，看着自己的画在黑板报上的感觉特别幸福。

张洁：____

白露：现在，不一定吧！这么多年不画，手都僵了，得多长时间能恢复原来的状态呀？

张洁：想象你已经恢复了原来的状态，现在坐在一间画室里画画，你的表情应该是什么样的？周围都有什么？你穿着什么颜色的衣服？

白露：嗯，我应该脸上有笑容吧。（这时她的脸上已经有了笑容），我的面前放着宣纸，有好多支毛笔，我应该在画牡丹吧，我年轻的时候最早学会的就是画牡丹。我应该穿着白衬衫吧，文艺女青年都该有件白衬衫。

张洁：________________________________

白露：幸福。

张洁：________________________________

白露：我明天先去买宣纸和笔，还有颜料和墨水。

张洁：________________________________

白露：我去孩子原来学画画的地方问问，看有没有成人班，要是没有我就上网找找。

在我们运用提问框架的时候，会遇到三个普遍问题。

1．提问者持续提问，会让回答者感到压力。

2．提问者仍然忍不住想告知对方答案。

3．回答者的答案并没有超越原有的思维框架，没有被激发出新的想法。

面对这三个常见的问题，我给大家一些建议。

1．如何降低问题的挑战性？有两种方法。第一种方法是运用多种提问方式。我在前面讲过的间接式提问、祈使式提问都可以弱化提问的尖锐感，增加亲和力。第二种方法是在提问中不对对方的答案做评判，全然共情，接受对方的情绪，接收对方的任何想法，全然接纳可以运用倾听中的重复和复述的技巧。

2．如何控制告知的欲望？要相信每个人都有解决问题的资源，我们能做的就是帮助他找到自己的资源，而不是直接给出答案，虽然这会让谈话变得很漫长，但如果你全然相信对方，这不是障碍。

3．如何更好地激发对方思考？有三种方法。第一种方法是多问投射型问题，提问方更多以“如果”作为开头，把回答者放入那个情境中去，激发他思考。第二种方法是可以多问几个“除此之外，还有什么办法”，让对方进行更深入的思考。第三种方法是运用中国式菜单。所谓中国式菜单，就是给回答者提供若干选项，以帮助对方拓展思路。比如，在学生与老师探讨就业的那个对话中，学生被卡在那里，发散不出去了，老师就可以运用中国式菜单的提问方式。老师可以这样问：“你看看这些方案中，有没有你还可以做的呢？可不可以和学哥学姐联系一下？可不可以去一些想去的公司拜访？可不可以有目的性地到想去的企业做一些调研报告，表明自己的职业决心和能力呢？”在回答者陷入思考僵局的时候，我们可以利用中国式菜单帮助对方拓展思路。

第 6 堂

换位想、讲技巧

——给批评化化妆

6.1 同事穿得太丑，要不要告诉她

情境

小希和李楠都刚刚毕业到一家公司工作不久，一起在行政部工作，平时负责处理些日常行政事务，两个人年龄相近，关系处得很好。由于毕业时间不长，两个人的穿着打扮还都有点学生化，不够职业，但因为是创意性企业，对着装没有特别要求，所以两个人也没觉得有什么不妥。

有一天，行政部经理对她们说："明天有一个重要的客人要来，希望你们明天可以穿得稍微正式一些。"

李楠回到宿舍就开始找衣服，实在没有什么太合适的衣服，原来看上去好看的衣服都不适合正式场合穿。实在没办法，她就穿了一件短袖白衬衫、配了一条黑裤子，没有合适的鞋子，就穿了一双凉鞋，心想不管好看不好看，别出大问题就好。

早上一到公司，李楠就看见小希穿了一套合体的浅灰色套裙，配了一双深色高跟鞋，头发也绾了起来，很干练，也很漂亮。

小希看到李楠，大呼小叫地对李楠说："你怎么穿成这样就来了！看看，我昨天特意去买的衣服，漂亮吧！"她这么一说，全办公室的人都看了过来，小希的脸一下子就红了，恨不得有个地缝钻进去，嘴上硬硬地说了一句："你多有钱啊，我穷。"说完转身就走了。

小希也愣了一下，和李姐说："李姐，她本来穿得就丑，怎么还不让说？"

李姐深深地看了她一眼，说："有的事，不需要告诉。"

情境分析

你是不是也有过和小希类似的经历？自以为一片好心被当成了驴肝肺，对方很生气，你也很郁闷。你有没有思考过，为什么你的好心好意对方不接受呢？这里面有一个人际交往的“度”的问题。

人与人交往有一个最关键也最难把握的词叫作“度”。所谓“度”，就是人与人交往的界限。

人与人交往，就像跳双人舞一样，要步调协调，否则就会踩脚。而“度”，就是使我们步调一致、舞姿优美的默契。

职场中，由于情境和人物关系复杂，交往的“度”有时很难把握，稍微处理不好，可能就会过“度”，引起不快甚至争执。

与上级交往要有度

与上级交往的原则

组织是由不同层级组成的，健康的上下级关系不仅对组织有利，对个人成长也有非常大的帮助。与上级交往要做到“摆正关系、尊重为本、服从指挥、和谐共生”。

摆正关系。一定要清楚上下级关系是一种层级关系，是组织赖以存在的一种稳定的关系。中国古代亲信干政、宦官干政导致王朝覆灭的例子不胜枚举，从本质上说，就是上下级关系混乱，从而导致组织内部结构混乱，稍有外力作用，就轰然倒塌。

摆正关系，必须明确上级与下级之间是一种互相依存、互相成全的关系。上级通过下级完成工作任务，下级通过上级的提携来实现自己的职业发展。所以，上下级之间绝对不是对立的。

摆正关系，还必须明确**上下级之间是领导与被领导的关系。**下级的工作任务、职务晋升等都有赖于上级领导的评价和认可，所以要服从上级的领导。

尊重为本。中国人自古提倡“长幼有序、尊卑有序”，尊重上级是礼仪的需要。尊重上级也是层级管理的需要，一个单位没有层级一定会混乱，有层级而没有互相之间的尊重，层级也会形同虚设。而且，上级既然是上级，就一定有过人之处，一定有可以尊重的地方。

服从指挥。上级不是某一个人，而是一个职位，所以上级的命令是职务行为，不是个人行为。一定要**知道服从上级，不是服从某一个人，而是服从组织，服从大局。**部队的口号是“服从命令听指挥”，服从命令是部队打胜仗的基础。一个组织也是如此，作为下级，服从命令是天职，是不可动摇的。

和谐共生。上下级之间是一个整体，不是孤立的两个个体。既然是一个整体，就要互相信赖，而不是相互猜忌。**上下级之间是互利的，不是互害的，**所以上下级相处的目的是双方都从这种关系中受益。上下级之间的和谐也有利于整个组织的发展。

与上级交往的四个大忌

一忌议论领导。无论你是否承认，我们都习惯用自己的思维模式去评价别人的行为，当别人的行为风格和想法与我们不一样的时候，普通人的第一反应是抗拒，转而用自己的一套评价系统对别人评头论足。很多人对领导也是如此，习惯性地评价领导的决策和行为。这种方式是不对的，领导当然也会犯错误，当然也会有不尽如人意的地方。但是，我们对领导决策的第一反应不是评价，而是接受，这是作为一个基层员工的基本素养。

如果我们把层级比作楼房的楼层，那么基层员工就在较低的楼层，而领导通常站在比较高的楼层上。正所谓站得高才能看得远，领导占位比我们高，信息比我们多，决策与我们的预期不一样很正常，每次都和我们的想法一致才不正常。所以，要尝试理解领导，站在领导的角度去思考，而不是议论领导。

二忌把意见强加给领导。有的员工在给领导提建议或意见的时候，觉得自己的建议或意见天衣无缝，好得不得了，如果领导不接受，就会一次次地和领导讲，非要把自己的意见强加给领导。我有一个学生，特别爱给领导提意见，有一些意见领导没有采纳，后来证明自己是对的，他就很生气，甚至因此而辞职。辞职后，他还为此专门给领导写了一封信，历数领导的种种不是。这种行为也是不对的。

第一，你的意见未必就是最好的；第二，领导要考虑意见的可行性，要考虑客观条件，所以，在某种情况下，**最优的建议未必是最优的选择**；第三，领导也是人，是人就有人的弱点，如需要被尊重、有虚荣心，所以，你越是想把意见强加给领导，领导可能越不接受。

三忌当面顶撞领导。我以前的一位同事，素以性格耿直闻名于公司，他也以自己性格耿直为荣。有一次，领导布置工作任务，他认为安排不合理，当面和领导顶撞起来，使领导很没面子。后来，领导找个机给他调换了部门。再后来，他自己也当上了部门领导，提起当年的事后悔不已。因为他终于知道了领导的难处，也终于知道顶撞领导受伤害的绝不仅仅是领导，还有自己。

首先要知道，领导通过保证自己的权威来保持对部门的指挥权，一个没有权威的领导很难指挥下属，如果不能指挥下属，部门的工作就很难完成，一个部门没有业绩，你的业绩又从何而来呢？其次要知道，当面顶撞领导让领导下不来台，是对领导权威最大的挑战。

四忌和领导称兄道弟。和领导关系好，可不可以好到称兄道弟？不可以。上下级之间是工作关系，兄弟关系是私人关系，两种关系不可混淆。工作场合就是工作关系，生活中，则可以是朋友关系。

因此，一个好的下属要努力做到"四心"，即让领导放心、省心、安心、定心，如图 6-1 所示。

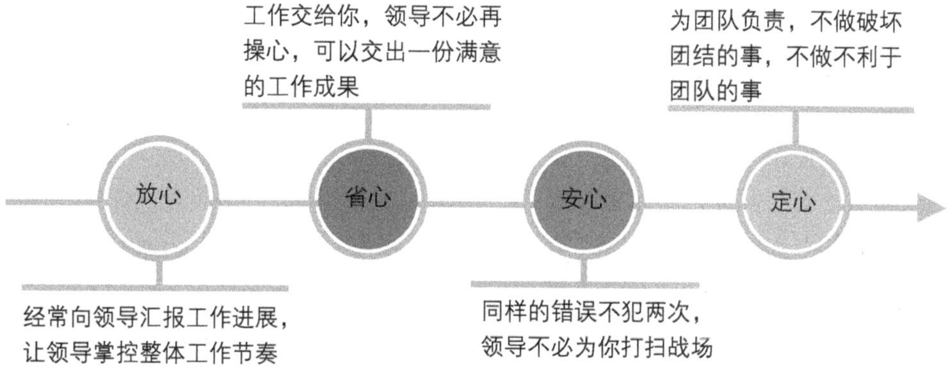

图 6-1　好的下属要做到"四心"

与同级交往要有度

在职场，同事关系也是一种非常重要的关系。良好的同事关系能够营造一种愉悦而竞争有序的工作氛围，提高工作的效率和幸福感。

与同事相处要做到：要友善，但不要亲密无间；要担当，但不要揽功诿过；要竞争，但不要你死我活；要共赢，但不要一团和气。

要友善，但不要亲密无间

同事是工作中的同伴，是协作关系。如果不能友善相处，总是互相拆台，就没有办法团结协作。但也要注意不能亲密无间、无话不说，因为同事关系毕竟不是同学关系，也很难有朋友关系。因此，同事相处，说话要掌握分寸。开篇例子中，小希自认为与李楠关系不错，说话不注意伤害了小希的自尊心，就是没有注意朋友关系与同事关系的区别。而且即便是朋友，要指出对方的错误，也需要适度的技巧。

要担当，但不要揽功诿过

每个员工都负责一方面的工作，自己的工作自己要担当起来，否则就是失职。但是，在很多单位即便有详细的岗位说明书，有些工作也会出现“灰色”地带，不属于任何人。这时候，如果能力和条件允许，要主动担当。对于基层员工来说，最主要的任务是成长，成长总是从做事中来，做的事情越多，积累的也就越多；做的事情越多，领导对你的依赖就越多。有人讲，到一个单位不需要问哪个员工最优秀，只要看看谁承担的工作最多就知道了。所以，希望大家记住：**有为才有位。**

做事就会有过失，做事也会有成绩。不是自己的问题，当然要说清楚，但如果是自己的问题，也请勇于承认。同事之间，最怕的就是把过失都说成别人的，把成绩都说成自己的，这样的员工很难有好的同事关系，也很难获得大家的支持和配合。

要竞争，但不要你死我活

大自然的植物都在争夺太阳的光芒，但这种竞争的结果并不是你死我活，而是不同的树木长到不同的高度，不同的草长在不同的位置。它们高低错落，构成了大自然的美。一个单位也是如此，没有竞争就没有活力；没有竞争就没有发展，所以同事之间存在竞争是正常的，但要记住：**你活，别人也要活；你好，别人也要好。**

有个学员和我说："老师，我们部门的每月一星永远是我的。"我听了大吃一惊，当时就和他说："下个月，如果还评选每月一星，一定要让给其他同事。"他很不理解，说："老师，我这么能干，就是要比别人干得好，就是要当每月一星。"他的问题在于只知道同事之间是一种竞争关系，而不知道同事之间归根结底是合作关系，只有合作才能赢得胜利。

要共赢，但不要一团和气

同事之间只有竞争、没有共赢的结果一定是互损。因此，最好的团队一定是追求共赢的团队，每个人都在这样的团队中成长、受益。共赢是不是就是一团和气？也不是，一团和气是没有原则的"你好我好大家好"，并不是真正的团结共赢，这种一团和气最终会损害整个团队。真正的团结共赢是既竞争又合作，既斗争又团结。要敢于和团队中的不良现象做斗争，要敢于做批评与自我批评。当然，要讲究方式方法。

6.2　明明错了，批评他还不服

情境

小王的报表有两个数字错了。张经理在公司会上汇报的时候，被董事长发现了，批评了张经理，而且小王报错数不是第一次了，张经理要回来批评小王。如果你是张经理，该怎么说？

A. 小王，你这稀里糊涂的毛病，什么时候能改？

B. 小王，你让我在领导面前丢尽了脸，你还想不想干了？

C. 你的报表有两个数字错了，让我在办公会上很难堪，领导批评咱们部门了。

D. 你总是稀里糊涂的，报表都错几次了，能不能改一改？

情境分析

你一般会选择哪种方式批评？张经理选择了第二种，希望引起小王的重视，结果说完之后，小王说“我就不想干了，爱咋咋地”，张经理当时就很尴尬。

选项 B 是一种情绪宣泄，而不是真的批评；选项 A 和选项 D 对人进行了负面评价，当遭受负面评价的时候，人就会抗拒，他的第一反应并不是接受批评，而是为自己的行为进行辩解：“我哪有总是稀里糊涂啊，不过就这么两次嘛！”即使嘴上没有分辨，内心也一定在分辨，所以，批评根本就没有达到效力。

为什么有些批评有效力，有些批评完全无效呢？我们必须研究面对批评时人的反应，因此有必要了解两个概念：防御性沟通和支持性沟通。

防御性沟通：当一方针对另一方的言论或行为设法保护自己时，防御性沟通就会发生。防御性沟通的问题在于我们忙于保护自己，以至于不能倾听另一个人在说什么。保护自己也就是在处理过去的行为，它使我们没有机会思考问题的解决方案。

支持性沟通：当你不得不纠正某人的举止或进行负面的反馈，又或者指出某人的缺点时，采取能够建立并加强彼此间关系的方式进行的一种人际沟通方式，即支持性沟通。支持性沟通力图在解决现有问题的同时保持沟通者之间积极的人际关系。

有这样一个民间故事。有人去做客，吃的米饭还不错。客人说：“米饭真香。”那家的儿媳妇赶紧接过话来说：“是我做的。”客人又吃了两口说：“怎么煳了？”儿媳妇说：“是我婆婆烧的火。”过了一会儿客人又说：“怎么有沙子？”儿媳妇说：

“是小姑子淘的米。”

你看，当我们批评的时候，遇到的往往都是防御式沟通。为什么当遇到批评的时候，我们会采取防御姿态，像一只竖起刺的刺猬一样呢？因为批评让我们自我概念的完整性、一致性和稳定性受到了威胁，从而导致一种防御和否定的心理状态。

防御性沟通与支持性沟通的区别如表 6-1 所示。

表 6-1　防御性沟通与支持性沟通的区别

防御性沟通	支持性沟通
保护自己	接纳别人
无法倾听	认真倾听
急于辩解	吸收意见
处理过去	面向未来

我们看看哪些话带来防御性沟通，哪些带来支持性沟通？本部分的撰写参考了桑德拉·黑贝尔斯与理查德·威沃尔二世撰写的《有效沟通》中的部分内容。

描述事实和感受与对人的负面评价

你正在家里睡午觉，你爱人出门时关门的声响特别大，你会怎么说？

A. 你怎么一点儿也不顾及别人的感受！我睡觉的时候，你“砰”一下就把门关上了。

B. 我刚才睡觉的时候，你一关门，吓了我一跳，到现在心还乱蹦。

你会选哪个？

答案 A 对人进行了评价，而且是负面的评价。当你说对方“你怎么一点儿也不顾及别人的感受”的时候，对方通常的反应是：“我怎么不顾及你的感受了？我也不是故意的，我就是不小心！”这就是一种防御性沟通。

答案 B 描述了对方行为的后果和自己的感受评价，仅仅是描述了问题，这个信息并不构成威胁，更容易被对方所接受，也会让对方产生负疚感。所以答案 B 是一种支持性沟通。

对人的负面评价会让人产生防御性沟通，而描述事实和感受，则能带来支持性沟通。

控制与解决问题

小兰的同学过生日，大家都去参加，小兰也想去，可是爸爸担心影响学习，如果你是爸爸，你会怎么说呢？

A. 小孩子过什么生日？好好在家学习，不许去。

B. 如果你去给同学过生日，要耽误好长时间，你在什么时间完成作业呢？

答案 A 是一种控制，说话者坚持认为自己的观点是完全正确的，不容置疑。如果人们认为某个人在试图控制他们，他们往往倾向于做出消极的反应。就像情境中的小兰，即便在家长的控制下没有去参加同学的生日会，看上去乖乖在家，但可能通过看电视的方式消极抵抗。而且，小兰可能还会说："小孩子怎么就不能过生日了？我去给同学过生日就耽误学习啦？你怎么知道我会耽误学习？一天天就让我学习，你知道这让我在同学面前多没有面子！"你看，对方会很愤怒，这就成了防御性沟通。

答案 B 则侧重于解决问题，这是支持性沟通。

控制产生防御性沟通，解决问题则产生支持性沟通。

冷漠中立与情感移入

领导安排工作的时候，告诉下属应该怎么做，但下属还是按照自己的想法做了，结果效果不太好，作为同事要怎么和他说？

A. 你不好好听领导的话就会发生这种事情。

B. 真遗憾，事情的发展好像跟你想的不太一样。

答案 A 看上去很正确，我们也知道它很正确，但这种正确也隐含着批评。其实当我们情绪高涨的时候，无论是开心还是沮丧，都不想要一个中立、客观的反应，因为那意味着冷漠，我们需要对方做的是情感移入，也就是识别并认同情感。答案 B 正是这样一种共情的表达。

冷漠中立产生防御性沟通，情感移入产生支持性沟通。

优越与协商

小王向领导汇报近期施工进度，由于雨季工期受到很大影响，不能按时交工。如果影响工期，会影响企业信誉，也会影响结账。老板很着急，要求小王必须在规定时间内完成，可是小王说了一大堆困难，目的只有一个，就是无法按期完成。如果你是老板，你会怎么说？

A. 你是老板，还是我是老板？我是老板就得听我的，你怎么完成我不管，总之就得按期完成。

B. 我们看看真的没有其他更好的办法了吗？只能延长工期吗？

答案 A 表现出来的是老板的优越感，但没人喜欢表现得优于别人的人。小王此时的内心独白可能是："老板爱咋定咋定吧，反正完不成还能杀了我不成？" 这就形成了防御性沟通。

答案 B 则是一种平等协商的姿态，一旦结果是通过协商达成的，对方往往更愿意接受，这是支持性沟通。

优越产生防御性沟通，协商产生支持性沟通。

武断与通融

林娜和王刚去旅游，因为旅游线路出现了一些分歧，如果你是王刚，你会怎么说？

A. 你不会理解的，所以按照我说的做就行了。

B. 我有一些想法，你有什么建议吗？

答案A是自信的，但同时也是武断的，武断的做法让对方产生被轻视感。答案B则是通融的，即我有一个想法，但我也愿意知道你的想法，如果你的想法更合理，那么我也愿意做出改变，这就会产生支持性沟通。

> 武断产生防御性沟通，通融产生支持性沟通。

下面再通过对话案例来体会一下防御性沟通和支持性沟通。

防御性沟通

老板：你这个月被顾客投诉了好几回。你要想在这里继续工作，就必须让顾客满意。（优势、控制）

雇员：我也不想和顾客冲突，是咱们的产品有问题。

老板：产品有问题？就你有问题，为啥别人没被投诉啊！（评价、确定）

雇员：我哪有问题？我都是按照公司规定做的，那两个顾客有问题。

老板：我告诉你，顾客永远都是对的！（优势、控制）如果做不到，那你就应该另谋高就。（武断、控制）

支持性沟通

老板：你这个月被顾客投诉了四回，你觉得是什么原因？（描述、平等）

雇员：有两个原因，第一个是我对产品还不够熟悉；第二个是我对一些流程也不太了解，所以有些问题没处理好。

老板：那你有没有想想办法让这种事情少发生呢？（平等、解决问题）

雇员：我在努力学习当中。

老板：我有个想法，你们组小张业务特别突出，你愿意让他帮帮你吗？（通融）

雇员：这样当然好，我担心小张嫌麻烦，也不敢问他。

老板：新工作，大家都有一个适应的过程，都需要有个人带一下（情感移入），我和小张说，他会同意的。

刻意练习

请你思考一下，如何利用防御性沟通和支持性沟通的原理，来提出有效的行为改善建议？

____

____

____

6.3 我真诚地指出朋友的问题，他却不理我了

情境

李俊峰和小齐是最好的朋友。小齐最近迷恋网游，玩得昏天暗地，上班的时候，迷迷糊糊地差点把手卷进机器里。李俊峰听说了，非常生气，当着好几个朋友的面，把小齐一顿臭骂。结果小齐不但不领情，还气哼哼地说："我的事不用你管。"此后好长一段时间，小齐都没有理李俊峰。

李俊峰也很郁闷："我一心为你好，不领情就算了，怎么还不理我啦？"

情境分析

李俊峰批评小齐是为了让对方的行为发生改善，出发点是好的，但采取的方式不对，所以李俊峰的批评没有成效。

批评是一件简单还是困难的事情？批评带给你的情绪变化是什么？当受到批评的时候，你的感受可以用下面哪个词来形容，请在那个词下面打钩。

愤怒	恐慌	压抑	放松	担心	释然	委屈
紧张	惊讶	无助	内疚	快乐	孤独	兴奋

那么，批评的目的是什么？请在你认为正确的答案后面打钩。

- 是让对方低下高傲的头吗？
- 是让对方承认他错了吗？
- 是证明我是对的吗？
- 是比较到底谁更聪明吗？
- 是让对方知道我的厉害吗？
- 是告诉对方永远不要挑战我的权威吗？
- 是让对方的行为发生改善吗？

批评的最终目的是让对方的行为发生改善，这是我们应该时时牢记的一个原则。如果你意识到了，你只是在提出行为改善建议，你还会火冒三丈吗？还会人身攻击吗？请把下面这句话大声读一遍。

和我们来往的不是逻辑人物，
和我们来往的都是充满感情的人物，
是充满偏见、骄傲和虚荣的人物。
包括我们自己。

既然批评是行为改善建议，就必须用平和的心态教导他人。如何让对方的行为发生改善呢？我们看一个故事。

北风和太阳看到一个穿风衣的人，北风和太阳说："我能用风的力量脱掉他的风衣。"北风使劲地吹起来，而且越吹越冷。穿风衣的人把风衣裹得更紧。

太阳以和煦的微笑照着穿风衣的人，不久温度慢慢地升高，穿风衣的人渐渐地觉得很热，于是自己就把风衣脱掉了。

在批评中，你是愿意做让别人把风衣越裹越紧的北风，还是做让别人自己脱下风衣的太阳呢？我想大部分人会选择做太阳。所以，请牢记那个等式：**批评=行为改善建议。**还要记住，无论你的批评意见多么正确，如果你的方式不对，你的意见都无法取得成效。

6.4　同事总是指使我干活，怎么办

情境

新员工郝乐被分到市场部，暂时归市场部主管冯梅管。按照工作职责，郝乐负责分店促销活动备品的准备和分发工作。这项工作涉及的备品数量多、品种杂，加上不熟悉情况，郝乐有点儿焦头烂额。冯梅还总是让他帮忙做不属于其职责的工作，如送材料、录入表格等。郝乐刚开始还乐呵呵地去做，后来这样的事情多了，他也有点儿失去耐心了，几次想拒绝冯梅的请求，可是话到嘴边，都没有说出口，不知道该怎么说才好。不说，自己难受；说了，又怕得罪主管。

情境分析

在职场中，我们总会遇到想要拒绝别人又说不出口的情况。拒绝别人是一件很让人为难的事情。郝乐因为不懂得如何拒绝而让自己焦头烂额。

判断一个人在社交中的心理成熟度有三个标准。一看能否对别人说“不”；二看能否主动要求别人帮助自己；三看能否承受别人的拒绝。所以，说“不”也是一种能力。当然，说“不”也要有技巧。

技巧 1：把握底线

每个人都应该有自己的原则和底线，在维护自己利益的基础上有选择地去帮助别人，而不是做老好人、烂好人。比如，情境中的郝乐，首先要确保完成自己

的工作任务，有余力再去帮助冯梅，这是底线。

技巧 2：要素齐全

我们在拒绝别人的时候，要结论与理由一起说。说“不”只是一个结论，如果没有理由，既显得生硬，又容易产生误解。比如，你问同事：“下午能替我开会吗？”他回答：“不能。”此时你是什么感受？你会感到失落，甚至愤怒，心里想的是以后你也别来求我。他可能真的很忙，也可能有其他原因，但失落和愤怒，使你根本不想了解背后的原因。所以，只说结论，不说理由只会带来误解。在拒绝的时候，最好理由和结论俱全，而且理由说在前面。如果是你，你可以这样说：“抱歉，我下午也有个会要开，不能替你去开会了，你看看别人有时间吗？”

技巧 3：理由适当

拒绝的时候，结论很明显，不管怎么说，都是“不”的变形，真正影响拒绝质量的是理由。拒绝的时候，理由一定要站得住脚，尽量说出对方比较容易接受的理由。比如，案例中的郝乐可以说：“我现在有一项紧急的工作要做，等我把这个做完了，再来帮你做。”这个理由不会让对方觉得不舒服，是比较适当的理由。而且说理由的时候表情应和颜悦色，最好能多谢对方想到你，并略表歉意。

技巧 4：出于善意

即便拒绝也要让对方感受到你的善意。比如，一个培训师朋友和我说，熟人向她要课件，要在单位讲课。课件是培训师辛辛苦苦的工作成果，要课件是一种很不合时宜的行为。面对这样的事情，培训师一般都是拒绝的。我的培训师朋友说：“讲课不是那么简单的事，如果不是自己了解的领域，拿过来就讲，一下子讲砸了，在领导和同事们那里留下的印象就不好了，你再好好考虑下。”这样的拒绝是从对方的角度考虑问题，让对方感受到即便拒绝，你也是出于善意。

技巧 5：坚定明确

面对别人的请求甚至非分要求，不想接受的时候，拒绝起来一定要态度坚决，不可暧昧，不要给人遐想的空间和余地，不要让请托者有说服你的希望。还要注意，只是说出理由，而不是发泄情绪。你可以说“我今天出去吃，然后要办点儿事，就不帮你带饭了”，千万别说“你总是让我帮着带饭，自己没长手吗”。前者是阐述理由，后者是情绪发泄。

技巧 6：多种方式

拒绝的方式也可以很灵活。可以委婉拒绝“如果我有时间的话……会……”；可以温和拒绝“不好意思，这次不行……”；可以巧妙拒绝“我也正愁着呢……”“我试试看××朋友能否帮你？”；还可以直接拒绝：“不行，我没有时间”，等等。

6.5 一批评别人就忍不住发火，怎么办

情境

董良是一家生产企业的车间主任，大家都认为他很正直，工作也非常认真和努力，但脾气不太好，每次批评员工时都暴跳如雷。很多员工都说：“当被董良批评的时候，我们就戳在那，左耳朵听，右耳朵冒，心里想着他赶快说完，我好回去干活。”董良也非常无奈，自己气得不得了，可员工根本听不进去。

情境分析

不可否认，董良对员工的批评里有很多关爱，但是他的表达方式让人很难接受。

很多时候，我们在批评别人时很难控制自己的情绪，而且因为情绪过于激烈引起被批评者极大的反抗，批评往往达不到效力。

那到底该控制自己的情绪还是该转换批评的方式呢？其实，当转换批评的方

式的时候，我们的情绪也会得到缓解。

方式转换——批评的十二个管用句式

句式 1：改否定句为疑问句，如图 6-2 所示。

图 6-2 用疑问句

“你这样做是不对的”是否定句，如果我们用疑问句的方式说出来，攻击性就会大大降低，可以改为“你这样做，对吗”。否定句会激发人的愤怒，而疑问句则更能促进反思。

刻意练习

尝试把否定句改为疑问句。

1．你就不应该花那么多钱买衣服！

2．你总是和我作对！

3．这么冷的天，你穿得这么少，你傻呀！

参考答案：1．你觉得花那么多钱买衣服，好吗？2．和我作对，这样好吗？3．穿得这么少，不冷吗？

句式 2：开头尽量用“我”“我们”，不用“你”，如图 6-3 所示。

图 6-3 开头用“我”“我们”

通常我们的批评都是以“你”开头的。例如，一个寝室住四个人，小乔总是玩游戏到很晚，影响别人休息。李星说：“你要玩出去玩，别影响我们睡觉。”再如，妻子把汤做淡，丈夫说：“你怎么搞的，做个汤淡成这样？”这些都是以“你”作为批评的开头，你听了有什么感觉？换成以“我”或“我们”开头试试。李星可以这样说：“我们要睡觉了，你也早点睡吧！大家明天还要上班呢。”丈夫的话可以改成：“我喝着汤有点淡，是不是盐放少了？”以“我”或“我们”开头与以“你”开头相比，角度发生转换，从指责对方变成了谈个人感受，语气上也更缓和。但要注意，以“我”开头的时候，“我”字后面跟着的不是对对方的评价和指责，而是陈述客观的事实或行为带来的感受。也可以用对方的名字代替“你”，也比用“你”开头效果要好一些。比如，“你怎么老忘了关灯”转换成“明明，灯没关”，更照顾被批评者的感受。

刻意练习

尝试把以“你”开头改为以“我”“我们”开头。

1．你刚才不应该顶撞领导。

2．都30多岁了还不想处对象，你想怎么样？

3．发生了这么大的事，你们都没到现场。

参考答案：1．我们顶撞领导不太好。2．要是现在开始处对象，结婚也得三十四五岁了。3．发生了这么大事，我们都没到现场。

句式3：把第一人称改为第三人称效果更好，如图6-4所示。

图6-4　第三人称

“我认为你这样做不对”，这是第一人称；“大家都认为你这样做不对”，这是第三人称。如此转换缓和了批评者和被批评者之间的直接冲突，但被批评者的压力反而增大了，他不能不考虑其他人的看法。

刻意练习

尝试把第一人称改为第三人称。

1．我不喜欢乱喊乱叫的孩子。

2．我很鄙视你这样的行为。

3．我讨厌你说脏话。

参考答案：1．大家都不喜欢乱喊乱叫的孩子。2．很多人都会鄙视这样的行为。3．大家讨厌说脏话的人。

句式4：改批评对方为自我批评，如图6-5所示。

当错误发生的时候，更多检讨自己的错误等于现身说法，讲的虽然是同一件事，一样的道理，言语即使激烈一些，但因为没有直接批评对方，也会使对方听起来不那么刺耳。“你这乱扔东西的习惯什么时候能改”转换成“妈妈很抱歉，没有培养你整理东西的好习惯”，用自责的方式进行批评，会让对方产生负疚感。

图6-5　自我批评

刻意练习

尝试把批评对方改为自我批评。

1．你们怎么总是迟到早退？

2．填报表数字的时候就不能仔细一点吗？

3．你妈妈天天做饭那么累，不知道帮妈妈洗个碗吗？

参考答案：1. 怨我对你们要求不严，连起码的工作纪律都不能遵守。2. 我再审查得细一点，报表就不会出那么多错误了。3．都怪我没有教育好你，都不知道帮妈妈干活。

句式 5：改批评为追问原因，如图 6-6 所示。

图 6-6 追问原因

有时候我们只看到了事物的表象，却并不了解表象背后的原因，所以才会说出评判的话。如果我们知道事情背后的原因，消除误解，就会使批评失去意义。比如，小芳的爱人新买了一部手机，没用了几天又要换新手机，小芳特别生气："你怎么这样啊？一点也不知道过日子，说换手机就换，这日子还过不过了？！"小芳的爱人也气哼哼地说："我为什么要换手机，还不是因为你的手机都不行了，也不舍得换。我买手机就是给你买的呀！"小芳的爱人换手机是因为爱。但因为不懂得技巧，爱用这样一种激烈的方式表达出来。所以，如果你懂得换一种方式表达，就可以这样问："你刚刚换了手机，又要换新手机，为什么呢？"当然在追问原因的时候，一定要注意你的语言应该是探寻的、关切的、关注对方的，而不是愤怒的、质问的。

刻意练习

尝试把批评对方改为追问原因。

1．你最近总是迟到。

2．人家结婚都去蜜月旅游，就我们不去。

参考答案：1．这周你迟到了两次，家里有什么事吗？2．蜜月旅行对你很重要，为什么？

句式 6：多讲客观事实和感受，少讲负面评价，如图 6-7 所示。

图 6-7　多讲客观事实和感受

在批评时，如果只讲评价，就会变成一种情绪的宣泄。我们经常听到这样的批评，妻子指责丈夫："你从来就不爱我，我拎着这么重的袋子，你都不知道帮我一下！"丈夫听了也很委屈："不过就没帮你拎个袋子，怎么就是不爱你了"？这里面用了一个评价的词语，叫"从来都不"，也就是说，否定了丈夫以往的爱的付出行为，会让对方产生委屈感，急于想要为自己辩护。如果是讲客观事实，则可以这么说："拎着这么重的袋子，我的手都勒疼了，你都没帮我一下，我觉得你都不爱我了。"这句话说了客观事实，说了基于这个客观事实的感受，会让对方产生负疚感，从而改善自己的行为。

刻意练习

尝试多讲客观事实和感受，少做负面评价。

1．一回来就往沙发上一躺玩手机，不知道做饭吗？

2．当着那么多人的面批评我，你脸上有光了，是不是？

3．你进来都没关门，大家都很冷，你怎么这样啊？

4．你真没礼貌，总是打断我说话。

参考答案：1. 我今天工作很累，不想做饭了，你能帮我做饭吗？2. 当着那么多人的面批评我，我感觉很不舒服。3. 你进来没关门，我感觉有点冷。4. 如果我的话没有说完，就被人打断，我会觉得不高兴。

句式 7：指责句改为假设句，如图 6-8 所示。

图 6-8　改为假设句

这是一种含蓄的批评方法。假设一种理想状态，这种理想状态之所以没有达到，是因为被批评者在某个方面做得不够好。比如将“就怨你慢腾腾的，要不早就干完了”改成“如果我们抓紧时间，就能早点儿干完了”。这样的虚拟语气，让指责变得很弱。

刻意练习

尝试将指责句改为假设句。

1. 你的脾气实在太差了，你说的对大家也不想听。
2. 你说要好好学习，你学了吗？
3. 这么晚了还吃东西，胖死你得了！

参考答案：1. 如果委婉点儿，大家更愿意接受你的意见。2. 如果投入学习，就能体会到很多乐趣。3. 要是每天晚上少吃一点，你看上去会健康很多。

句式 8：少用负面的词汇，多用正向的词汇，如图 6-9 所示。

图 6-9　多用正向词汇

当一个人很生气地批评别人的时候，在情绪的作用下，往往会口无遮拦，说出很多负面的词语，给双方的感情造成伤害。我们可以尝试将这些负面词语从正面的角度进行表述。比如将“你就是看不起人”转换成从正确角度进行表述“你对别人的要求很高”。相比较而言，后一种表达方式，语言是积极正向的，而且也更容易照顾被批评者的自尊心，将对方放在更高的一个层级上，为了在行动上与这些正向的词汇保持一致性，对方会主动调整行为。

句式 9：改关注错误为关注未来，如图 6-10 所示。

图 6-10　关注未来

在批评中，我们指责的往往是过去的行为，并且纠结于过去的对错，反倒对未来的关注变弱了。领导给下属布置工作，下属以各种理由推托说完不成，有的领导会生气地说：“让你干点事怎么这么费劲，还想不想干了？”如果着眼于未来，领导可以说：“我们一起来想想办法，一定能找到解决问题的办法。”美国有一个新兵训练营，每年都接受一些新兵进行训练。这一年新兵营又来了一批新兵。和以前的新兵比，他们的文化水平很低，还沾染了很多坏习惯。如果你是教官，你要怎么批评他们呢？训练营教官经过认真研究，决定采用暗示、启发的办法。他们精心写了一些家信，印发给新兵，让他们读，学着写。信的内容无非就是告诉家人，他们在部队养成的新的学习习惯。每天起床刷牙，晚上洗脚睡觉，衣服鞋袜如何放置等生活琐事。然后让他们抄，抄完之后寄给家人。结果，他们真的改变了这些不良习惯。

句式 10：不以否定的话作为开头，如图 6-11 所示。

图 6-11　不以否定的话作为开头

一旦你的开头语是对对方的否定，那么对方就会反抗，最后批评就可能演变为一场辩论。而不以否定的话作为开头，对方很容易接受你的观点。比如，员工小兰最近总是马马虎虎，你很想批评她，怎么不以否定的话作为开头呢？可以用大家都公认的、不会产生分歧的观点作为开头。你可以说“每个人都想好好工作”，这句话放之四海皆准，小兰不会反驳，“你也想好好工作”，依然没法反驳，“谁马虎也不是故意的，你马虎也一定不是故意的”。你会发现每句话都是正确的，都是对方无法反驳的。这样既达到了指出错误、促进行为改善的目的，又不会把关系搞僵。

句式 11：以行动代替批评。一次，许世友到某部队视察工作，见泔水缸中漂着两个白面馒头。他什么都没有说，捞起这两个馒头，用纸包好带走了。在全军大会上，许世友拿出了那两个馒头，对战士们说：“我没有教育好你们珍惜粮食，这是我的错，但今后绝不允许再有这样的事发生。”许世友说完，便吃了那两个馒头。耳闻目睹这一切，战士们深受教育。我们在批评的过程中也可以采取这种方式。

句式 12：以幽默代替批评。某县召开全县领导干部大会，由于是下午，天气也比较热，一些领导干部在会上睡着了。县长让宣传部的人把会议现场录了下来，会议结束后，县长说：“我给你们加演个小片。”结果大家就在屏幕上看到了自己的睡姿，羞愧不已。这时，县长说了一句：“如果再让我看到你们在睡梦中露出甜美的笑容，那就‘啊，朋友再见’！”大家哄堂大笑，以后再没人开会睡觉。这样幽默的方式把批评变成一种提醒，反而更容易引起大家的重视。

第 7 堂

沉住气、问原因

——从容接受批评

7.1 面对批评，我无法淡定

情境

钱静在公司负责前台接待工作，每天收发文件、接待来访、接收快递。一天，有一个客户来找总经理，钱静带着客户去总经理办公室，这样前台就没有人了。过了一会儿，钱静回到前台，发现行政主管正气呼呼地站在前台等她，见到她就说："你怎么不在岗啊？刚才快递都是我替你收的。"钱静说："我怎么不在岗了？我不是送客户去总经理办公室了吗？我还得像木头似的在这戳着啊？"主管很生气地说："一批评你，就一堆话等着，就不能认个错？"钱静说："我没错，凭啥要认错？"

情境分析

当你面对批评的时候，是不是第一反应也像钱静一样为自己做辩护，而且倍感委屈？但是，如果你一直采取这样的应对方式，你会发现既没有改善关系，又没有完善自己。

无论你多么优秀，无论你与对方的关系多么好，都难免受到批评，就像我们在第 6 堂课中讲的，一个直白、直接的批评往往会带来防御性沟通，但如果你一直忙着防御，忙着为自己辩解，甚至忙着逃避，你就没有办法看清自己的问题，也没有办法为双方关系的改善做出努力。对于批评者来说，他更渴望你接受并且诚恳地听取他的意见，然后认真对待。

我们不能完全要求每个对你提出意见、建议甚至评判的人都是沟通高手，都可以有技巧地表达出自己的想法，但我们可以要求自己积极地接受批评。

面对批评，人们通常会有四种反应。

第一种反应：逃避

心里不同意对方的批评，为了避免争执，有的人会采取逃避的方式，把自己变成沉默的鸵鸟，以为把头扎进沙子里，敌人就不存在了。这样的方式只是暂时逃离了批评，但问题并没有得到解决。当然，如果批评让你特别愤怒，觉察到自己的情绪很难控制，那么暂时回避可以避免更为激烈的冲突。可总是逃避并不是好办法。

阿伟和小丽开了一间小店，阿伟喜欢玩麻将，趁着下午店里人少，阿伟又溜出去打麻将，小丽很生气。

小丽："你刚才又干什么去了？"

阿伟："没干什么。"

小丽："没干什么？是不是又打麻将去了？和你说了多少次了，有空看看店，我一个人又带孩子又看店，容易吗？"

阿伟："我困了，明天再说吧！"

小丽："一和你说正经事，你就困，打麻将咋不困呢？"

阿伟："哎呀，明天再说吧。"

小丽气得转过身子，眼泪在眼圈打转。

在这个案例中，阿伟采取了一种逃避的态度，这样的对话即使每天进行也没有多少价值，因为问题并没有得到根本解决。

第二种反应：否认

持否认态度是对对方的批评完全不予认同，一直在否定对方的意见，没有静下心来听取对方意见的想法。

李阿姨家雇了一个保姆，保姆干净利落，什么都好，就是做菜有点儿咸。李阿姨从养生的角度认为低盐饮食更好一点，于是李阿姨想委婉地提醒保姆一下。

李阿姨："这个酱排骨，不要做得太咸了。"

阿姨：“我心里有数，知道放多少盐，你放心吧！”

李阿姨：“你上次做的，我吃着有点咸。”

阿姨：“这做菜呀，讲究咸中有味，排骨要是做淡了不好吃。”

李阿姨：“可是太咸了，不利于养生。”

阿姨：“该多大岁数死就多大岁数死！养不养生的没用！”

李阿姨：……

你看了这个案例什么感受？如果你是李阿姨，你还想用这个保姆吗？这样的对话会让批评者感到愤怒，因为批评者的意见一点儿也没有得到重视。

第三种反应：借口

有的人在遇到批评的时候，会感觉受到了伤害，为了保持自我形象的一致性，会不断寻找理由，为自己辩解。

小明正处在高考前夕，但还是不紧不慢，学习也不够努力，妈妈非常着急。休息日，小明出去玩了一天，快睡觉了才回来。

妈妈：“你又到哪儿玩了一天？怎么就不知道抓紧时间学习呢？”

小明：“妈妈，休息是为了更好地学习。”

妈妈：“休息也分时候啊？还有几天就高考了，怎么就不能抓紧时间呢？”

小明：“我抓紧时间了呀！我平时多努力呀！”

妈妈：“你抓紧时间？我老看见你玩手机。”

小明：“我玩手机是和同学讨论问题。”

妈妈：“讨论问题？你自己信不信？”

小明：“妈妈，你怎么就不相信我呢？我真的在讨论问题。”

妈妈：……

这是我们生活中常见的场景，批评的一方紧追不舍，被批评方的一方一直在寻找借口，仿佛玩猫捉老鼠的游戏，一个在后面紧追不舍，一个在前面闪转腾挪，结果问题还是那个问题，批评者一肚子气，被批评者也没有获得收益。

第四种反应:防卫

有时候，批评激发了对方的愤怒，被批评者不仅没有对批评进行任何有价值的思考，反而对批评者给予回击，就像作用力与反作用力一样，双方都受到伤害。

夏春和邢明是一对新婚伴侣，两人的家都在外地，为去哪里过年的问题，两人讨论几次，都没有结果。眼看再不定下来，就买不到火车票了，夏春决定再和邢明谈一次。

夏春："咱俩去哪过年啊？再不定下来就买不到票了。"

邢明："你定吧！"

夏春："要是我定，就先回我家，再回你家。"

邢明："你怎么也不顾及我的感受啊？儿媳妇回婆婆家过年是习俗，你懂不懂？"

夏春："我怎么不懂？不是你让我定的吗？我定了你又不同意。你到底想怎么样？"

邢明："我想怎么样你还不知道吗？十一都回你家了，春节怎么就不能回我家？"

夏春："那五一还回你家了呢？"

邢明："你怎么这么不懂事？"

……

这样的批评与接受批评的方式，完全像拳击比赛一样，你一拳我一拳，你来我往，互不相让，互相伤害。这样做尽管在短时间内维护了自己的尊严，但对双方关系的伤害是巨大的。不仅如此，这样的争论还会因为相互指责而失去彼此的尊重。

7.2 被批评的时候，第一句话怎么说

情境

坐公交车的时候，一个人的伞不小心刮到了一位女士的衣服却不知道，这位女士很生气地叫了起来："你这个人怎么回事？怎么一点儿公德心都没有啊？"那个拿伞的人惊讶地看着这位女士，这位女士更加生气地喊道："你看什么看？自己咋回事自己不知道吗？"那个人更茫然了。如果你是那个拿伞的人，你会怎么应对这样的批评和指责呢？

情境分析

这样的场景在我们生活中太常见了，如果处理不好，还可能引发骂战甚至肢体冲突。

尽管面对的批评可能不那么友善，你依然可以选择积极的方式来应对，这种积极的应对方式就是大家能够心平气和地面对事情，给予双方平等的表达自己意见的机会，通过对双方观点的讨论，达成理解与谅解。

注意，最后的结果并不一定是达成一致意见，**接受大家对同一问题的认识有分歧，但认同应该给予平等的互相了解的机会**。在这样的原则指导下，我们积极应对批评，尤其要说好第一句话，因为第一句话决定了沟通的走向。

有一次，马克·吐温与一位夫人面对面坐着，马克·吐温对那位夫人说："你真漂亮。"那位夫人高傲地回答："可惜我实在无法同样赞美你。"马克·吐温毫不介意地笑笑说："夫人，你只要像我一样说假话就行了。"

面对批评，马克·吐温没有反驳，而是用同意对方意见的方式巧妙进行了回击。在面对批评时，我们也可以用同意对方的批评来作为第一句话。

当对方的批评很明确的时候，可以同意对方的批评。案例中那位拿伞的人可以这样说："你说得对，我的确不知道自己咋回事。"

批评的情境如此复杂，我们同意对方批评的说法也很多。

第一种说法：同意对方所说的事实

当对对方的批评不怀有任何防卫态度的时候，你通常会发现对方的意见是对的，是被你忽略的，所以，最好的做法是同意对方所说的事实，而不是急于为自己辩解。我们来对比一下同意对方的意见与防御性沟通所产生的不同效果。

领导："小王，三楼的会议室用完了，怎么不知道关灯？"

小王："知道了，领导，我这就去关。"（防御性沟通："又不是我最后走的，小张最后走的，应该问他。"）

同学甲："你能不能早点儿回来？还让不让别人睡觉了！"

同学乙："好的，今天确实有点儿晚了。明天我早点儿回来。"（防御性沟通："还说我，你昨天比我回来的还晚呢！"）

母亲："这么大了，也没个男朋友，什么时候能把自己嫁出去啊。"

女儿："妈妈说得对，明天我就出去找男朋友。"（防御性沟通："唠唠叨叨，唠叨我就嫁出去了？"）

当同意对方所说的事实的时候，对方又怎么能够反驳你呢？而且，你尽可以在同意对方事实的同时，不放弃自己的立场。

同意对方所说的事实，又不放弃自己的立场，符合托马斯·哈里斯称为"我没错—你也没错"的态度。相比之下，回避问题，则是给自己找借口，是一种"我有错—你没错"的态度；反唇相讥则是一种"我没错—你才有错"的态度。后两种态度都不是容易让对方接受的。

第二种说法：同意同意的部分

当对方用“总是”“从不”这样绝对的词来批评你的时候，你可以同意你认为有道理、值得同意的部分，但不接受不合理的指责，可以引用证据来支持自己积极的一面。

领导：“你居然错过了一个大客户，这么优质的客户都没有成交，看来你不适合做销售。”

员工：“这个客户虽然没有成交，但这个月我的业绩还是不错的。”

同学甲：“你总是炫耀自己多厉害，一点也不照顾别人的感受！”

同学乙：“今天我确实有点吹牛，不过你上次吹牛的时候，我可很配合你的感受呢！”

注意：这种说法由两部分组成。第一部分是先同意对方所说的事实，第二部分是表明自己的观点，这个顺序不可以颠倒。

第三种说法：同意普遍真理

有人会用正确的普遍真理来说服你，这时候，你尽可以同意对方说的普遍真理，但仍然可以坚持自己的立场。

店长：“让你加班怎么那么多话，好员工就要爱岗敬业。”

店员：“爱岗敬业没问题，一周加班6天，我也需要休息。”

在上述例子中，被批评方同意对方说的普遍真理，没有过多为自己辩护，但也说出了自己的想法，表明了自己的立场。

第四种说法：同意对方发表意见的权利

如果对方评判的后果是你根本就不愿意接受的，或者你无法确定对方的批评是否准确，你也可以同意对方有发表意见的权利。

甲：“现在谁还要孩子啊，都是丁克家庭。”

乙：“我尊重你的想法，但我很传统，觉得有了孩子人生才完整。”

甲：你家孩子太能花钱，不能太惯着。

乙：是呀！你说的有道理。一家有一家的情况，我家孩子花钱也都是些必要支出。

第五种说法：在一定条件下同意对方的观点

本杰明·富兰克林在自传中写道：“我立下一条规矩，绝不正面反对别人的意见，也绝不让自己武断。我甚至不准自己表述文字上或语言上过分肯定的意见。我绝不用“当然”“无疑”这类词，而是用“我想”“我假设”或“我想象”。当有人向我陈述一件我不以为然的事情时，我绝不立刻驳斥他，或者立即指出他的错误；我会在回答的时候表示在某些条件下和情况下他的意见没有错，但目前看好像稍有不同。我很快就看见了收获。但凡我参与的谈话，气氛变得融洽多了。我以谦逊的态度表达自己的意见，不但容易被人接受，冲突也减少了。我最初这么做时，确实感到困难，但久而久之，我养成了习惯，也许，50 年来没有人再听我讲过太武断的话。这种习惯，使我提交的新法案能够得到同胞的重视。尽管我不善辞令，更谈不上雄辩，遣词用字也很迟钝，有时还会说错话，但一般来说，我的意见还是得到了广泛的支持。”我们完全可以借鉴富兰克林的做法，如果我们不是那么同意对方的批评，我们还是可以为批评假设一个可行的条件，在一定条件下同意对方的观点。

领导：“最近公司裁员，你那个部门进度太慢。”

中层干部：“领导，您说的对。如果现在是销售淡季，不需要那么多人，我们的动作就能快点。只是现在正是旺季，人员还不够用，所以需要晚一阶段才行。”

爸爸：“自从参加了工作，我看你也不学习了，这能行吗？”

儿子：“如果我还要参加考试，我一定会努力学习。但我现在工作了，最需要学习的是与人相处的能力，光看书是没有办法学习到的。”

当为对方的批评设定了条件之后，表示我们有条件地认同对方观点，这会让对方感觉欣慰，而且不会引起对方的反感。

同意对方的说法还需要注意以下两点。

1. 要判断对方的批评是否准确，或者是否可能发生。如果经常听到同样的批评，要检讨自己的行为。

2. 如果你愿意听从对方的意见而改过，那么同意对方说的事实，然后表达你将怎样改变，通常对方都会接受的。即使你不愿意改变，但因为你同意了对方语言中的事实，批评的一方也会因为意见得到同意而获得满足。

7.3 不明白为什么批评我

情境

有一次孔子受困在陈蔡一带，有七天的时间没有尝过米饭的滋味。中午，他的第子颜回讨来一些米煮稀饭。饭快要熟的时候，孔子看见颜回居然用手抓取锅中的饭吃。

孔子装作没有看见，当颜回进来请孔子吃饭时，孔子站起来说：“刚才孟李祖先告诉我，食物要先献给尊长才能进食，岂可自己先吃？”

颜回一听，连忙解释：“夫子误会了，刚才我是因看见有煤灰掉到锅中，所以把弄脏的饭粒拿起来吃了。”

孔子叹息道：“人可信的是眼睛，而眼睛也有不可靠的时候，比眼睛可依靠的是心，但心也有不足靠的时候。”

情境分析

我们都说眼见为实，孔子用自己的亲身经历告诉我们眼见也不一定为实，也用亲身经历告诉我们圣人在批评别人的时候也会犯错。所以，批评也会有出现偏差的时候。

当我们面对的批评很笼统、概括或模糊的时候，我们可以通过询问具体内容来了解对方的真实想法，这既不是攻击的武器，也不是防御的盾牌，而是彼此理解的工具。

批评总有原因，被批评也总有理由。

根据埃里克森五项原则之一，每个行为背后都有一个正面的动机，每个人的行为对他的潜意识来说，都是当时环境里最符合自己利益的做法。因此，每个行为的背后都必定有正面的动机。只要接受了一个人的动机，他便觉得我们接受了他这个人。动机往往处于潜意识的层面，不容易被发现。找出行为背后的动机，最简单的方法是问该行为企图得到什么价值。这可以通过询问批评的具体内容来实现。

丈夫："你今天太让我难堪了！"

妻子："怎么啦？是刚才在酒店，我开玩笑让你不舒服了吗？"（询问具体内容）

丈夫："不是。"

妻子："是我说你在家做饭让你觉得难堪了吗？"（询问具体内容）

丈夫："是呀！别的男同学在家都不做饭，就我一个人做饭，好像我怕老婆似的。"

妻子："原来这样啊！你不知道，你同学的老婆都可羡慕我了，说你是真的爱老婆！"

当我们可以超越批评本身，探究批评产生的原因的时候，一场争论就变成了心平气和的对话，而我们常常质疑的对方的批评背后，其实真的可能有一个可爱的动机。

所以，如果你全然相信每个行为背后都有一个正向动机的话，就不会纠结于批评本身，而是会很好奇对方愤怒的原因，并且通过探究原因而理解对方。

询问具体内容其实很简单，就是询问对方批评你的真实原因。时间、地点、人物、事件、原因等都可以作为提问的内容。

我什么时候没有理你？

什么地方你觉得不够满意？

我让谁觉得难堪了？

是什么事情让你这么生气？

为什么你不喜欢我回娘家？

我怎么做你会觉得我爱你？

询问具体内容，有四个注意事项：

1．开放式问题没有那么强的引导性，能够帮助我们探究到背后的真实原因，所以尽可能问开放式问题。

2．当批评双方处于同一个情境中，大家对某些事实有一些了解的时候，我们的提问最好是封闭式的，把你的理解说出来，请对方确认。因为开放式问题可能激发对方的反感，对方会认为你明知故问。

3．注意语气是探寻的，而不是质问的；是对对方真诚的、感兴趣的，而不是挖苦讽刺的。

4．当双方对同一件事情的理解没有歧义的时候，就不要询问具体内容了，可以同意对方的批评。

刻意练习

面对下面的指责和批评，你会怎么提问呢？

1．你怎么那么爱管闲事？烦死人了！

2．你就是一点儿也不会说话！

3．我就不爱和你出去逛街！

4．工作就不能认真点儿！

5．能不能痛快点儿！

6．你可真是冷漠！

7．能不能替我着想呢？

7.4 面对批评，怎么做到不怕

情境

李娜和主管一起去拜访客户，洽谈气氛一直不错，大家都有说有笑的，李娜感觉自己发挥得也不错。回来的路上，主管突然对李娜说了一句："你看看你也不会说话，好好的谈话让你搞成那样！"李娜当时就愣住了，过了一会儿反应过来，问道："你觉得我哪个地方说的不对？"主管说："你自己哪里不好自己都不知道？自己想？"李娜瞬间"石化"。想了好几天，她发现自己有个玩笑开得有点过火，之后找到主管说："以后我开玩笑还是要注意场合。"

情境分析

李娜面对主管莫名其妙的批评有些"丈二和尚摸不着头脑"。我们在职场和生活中也经常遇到类似的问题，那该如何分析和处理呢？

莫名其妙的批评，相信很多人都遇到过。究其原因主要有三种。

莫名批评的原因

批评者性格使然

就像案例中的主管，应该是追求完美型的性格，经常能够看到别人看不到的问题，而且在批评别人的时候，不喜欢说得很明确，在他看来很多事情我不说你也应该懂，如果你不懂，和你说也是白说。这样的人批评别人的时候，常常让人有"丈二和尚摸不着头脑"的感觉。

情绪化

当批评者的情绪处在很极端的情况下，他的批评更多的是情绪的宣泄，而没有明确的事实。这时候，我们听到的批评可能是这样的："你这个人怎么这样啊？一点谱也没有。"

误会

比如，领导让小李起草一份文件，周三必须完成。小李加班加点干完了，给领导发到邮箱里。小李觉得自己的工作已经完成了，正准备下班，领导一个电话打过来，对他说："小李，我让你准备的文件呢？这都几点了，还没给我？" 小李赶紧解释："我已经发您邮箱里了。" 领导："发邮箱了，怎么也不告诉我一声？" 这样的信息传递不及时或不到位造成的批评在职场中也是比较常见的。

面对批评如何做

面对批评，我们不要害怕面对真实的自己，要透过批评看清自己的问题，加以改正。

自我反思错在哪里

这个世界没有无缘无故的爱，也没有无缘无故的批评，无论你觉得批评是否正确，第一反应都不应该是急于反驳，而是反思自己的问题出在哪里。

接受自己的不完美

人非圣贤，孰能无过？每个人都不是完美的，不完美也是你的一部分。当别人批评我们的时候，无非是指出了我们不愿面对的不完美。当你能够接受并直面自己的不完美的时候，内心的愤怒和羞辱就会少很多。如果你愿意，可以写下你的缺点，并且努力改掉这些缺点。

看到批评的正向意义

别人批评你的时候，真的是为了贬低你吗？是为了让你出丑吗？未必。比如，领导批评你，指出你最近工作比较散漫，是为了让你变得更积极主动。所以，要努力看到批评的正面意义，看到批评背后自己的问题，你对批评的接受度也会更高。

建立积极的镜像自我

凯莉·克莱森说过："任何没有击败你的批评，都会让你更强大。"这句话的意思并不是不接受批评，而是面对批评时积极改善，并且不因为批评而灰心丧气。有的人在屡次遭遇批评之后，开始自我怀疑，甚至失去自信，很长时间情绪和状态处于低谷，这是因为他们的镜像自我出现了问题。社会心理学家库利提出了镜像自我的概念，镜像自我是指个体如何被重要的他人感知。镜像自我并不是别人实际上如何评价我们，而是我们觉得他们如何评价我们。因此，我们眼中的自己，其实是我看到的那个你眼里的我。记住，无论别人对你说什么，你都要保持内心强大，建立积极的镜像自我，不要被他人的批评所打击。

展现出宽广的格局

表扬的时候，很容易看出一个人的性格；批评的时候，很容易看出一个人的格局。只有高格局的人，才能坦然面对各种各样的批评。受到批评时，无论对方的批评是否正确，你的态度是第一位的。在职场中，要微笑地接受别人的批评，并感谢对方关心你的工作，同时也要展现出自己的反省态度，让领导觉得自己的批评是有价值的。如果你本身没有错，却受到了批评，保持冷静，先虚心接受就好，不要马上解释或辩解。因为批评你的人往往正在气头上，听不进你的解释。可以选择较好的机会向对方解释其中的具体原因，是自己的责任一定要勇于承担，不是自己的责任也要交代清楚事情的来龙去脉。任何情况下不要和上司、领导顶撞，那样只是逞一时痛快而已，对自己有百害而无一利，其结果就算你有理也变成无理了。

第 8 堂

说好话、好好说

——让赞美更真诚

8.1 我的赞美听起来有点假

情境

小乔是一名新来的业务员，他的工作是挨家挨户拜访临街门店，推销安防系统。经理交代他，嘴一定要甜，逢人就要赞美。这天小乔走进一家店，看见老板正在店里面坐着，时间还早，店里没有客人，正是介绍产品的好时机。于是，小乔鼓起勇气，走近老板说："我听说这家店是这条街经营最好的店铺。"老板用奇怪的眼神看看他，说："经营最好？店才开业一星期，你没看见店里都没人吗？"小乔的脸当时就红了。

情境分析

小乔希望通过赞美的方式拉近与客户之间的距离，这没有错。但很多人都和小乔一样，并不能用最得体的方式表达出自己的赞美。

关于赞美，有几个认识误区。

赞美的误区

第一个误区：赞美没用

有人认为赞美都是虚的、假的，没用，那么赞美到底带给了我们什么？

在心理学的课堂上，我认识了一位美丽的女士。她自己的工作很好，爱人的工作也很好，至少在他们那个城市，是令人羡慕的职业和家庭，但她就是很紧张，紧张到每次我们做游戏，到了她那里一定会坏掉。大家耐心地等她，结果大家越是对她宽容，她越是觉得紧张，后来我注意到她的嘴唇一直在抖。在分享环节，她几次落泪说出了自己紧张、焦虑的原因：从小到大，她的爸爸从来没有表扬过她。因为从小缺少赞美，她一直觉得别人的赞美都是假的。所以，一方面她极度渴望赞美，另一方面又觉得赞美很虚伪。于是，尽管在大家眼里她的生活、工作都不错，但她觉得自己从来都不够好。

一个人的自信来自他信，也就是别人相信你行，你才能相信自己行。20世纪80年代盖洛普的调查报告认为，自信是不断成功的经验形成的心理优势。不断成功的经验来自他人对你的行为的赞美与肯定，所以，人人需要自信，人人也需要赞美。赞美是人的基本心理需要，正如心理学家威廉姆·詹姆斯所认为的："人性中最深刻的本能就是被欣赏的渴望。"甚至于在课堂教学练习中，有的学生说他在被表扬之后的感觉是欣慰。"欣慰"这个词的含义不仅仅是高兴，还包括被深切地理解和认同，甚至有如遇知己的感觉。

洪昭光教授在他的一本书中曾经写过这样一个案例。有一个104岁的老太太，大家公认老太太长寿的秘密就在嘴甜上。家中三个儿媳妇，都很一般，但老太太就爱夸她们："儿子，你娶的媳妇就是好，手真巧、心真好。对我这么孝顺，比亲闺女还亲。"村干部例行公事给百岁老人送慰问品，老太太也夸："看现在的干部多好，真是百姓贴心人。"结果村里人都说："别看老太太没文化，是村里最受尊敬、最可爱的人。"

这个案例告诉我们，赞美会让别人觉得你善解人意、富有同情心，也能够营造一种开放、积极的氛围，从而促进人际关系。从某种意义上讲，赞美是沟通与人际关系的润滑剂。

4岁的牛牛很淘气，家里客人越多，牛牛就越兴奋。上次家里来了客人，牛牛洒了客人一身汤，这次家里又要来客人了，妈妈决定用赞美的方法，帮助牛牛做个好主人。客人快来之前，牛牛帮助妈妈在客厅摆拖鞋，妈妈说："牛牛能帮妈妈摆拖鞋了，是个能干的小伙子！"客人来了，面对陌生人，牛牛还有点儿紧张，所以安安静静地坐在妈妈身边听大家聊天，妈妈赶紧抓住这个机会对客人说："你看，我们家牛牛多安静啊，不吵也不闹！"客人也夸奖道："是呀！我也发现牛牛能安静地听大人说话，真是好孩子！"结果，尽管来了很多客人，牛牛很高兴，但一直都没有特别闹。

这个案例告诉我们，赞美能够带来行为上的配合。当某个行为受到赞美的时候，这个行为就与愉悦一起被记忆留存下来，当他再做类似行为的时候，这种愉悦感依然存在。而在我们的日常生活中，尤其是亲密关系中，我们很难听到赞美，因为我们认为别人做得对是理所应当的。我们很少会因为爱人做了一顿饭而赞美爱人，也很少因为下属按时完成任务而赞美下属，只有当别人不合我们心意的时候，我们才会注意到并且进行批评。舌头虽然很软，却有强大的杀伤力，同样，舌头也可以给予很大的动力，这个动力就是赞美。你的赞美会给对方以巨大的推力，让他做起事来愉悦，并且有力量。

当然，赞美的好处远不止这些，你还可以写下更多赞美的好处吗?

第二个误区：过度赞美

赵总是个很会打扮的女士，每天都穿得漂漂亮亮来上班。每天早晨，前台刘丽看到赵总都会说："哎呀！赵总，今天真漂亮。这件衣服在哪儿买的？看上去就很贵。"天天如此，赵总有一天终于忍不住说："小刘，我的衣服好多都是旧衣服，就是换着搭配，哪能天天买新衣服啊？好像我多浪费似的！"

案例中的小刘每次都用同样的方式赞美领导，语言很乏味，而且有些言过其实。不赞美不好，过度赞美也不好。

过度赞美主要表现在：夸大事实、夸大感受。

过度赞美 1：夸大事实。事实是客观存在的，如果你的赞美对事实进行了夸大，那就会让听者对你的赞美表示质疑。

一只乌鸦嘴里叼着一块肉飞到树上正准备享用，一只狐狸看到了乌鸦嘴里的肉。狐狸笑眯眯地对乌鸦说："你的羽毛可真漂亮啊！"乌鸦看了看狐狸，咬紧了肉，没理它。狐狸不死心，继续说道："乌鸦乌鸦，没有人告诉过你，你的声音很好听吗？我听过你唱歌，你的歌声简直太美妙了。你能给我唱首歌吗？"乌鸦听了非常得意，还从来没有人夸自己的声音好听呢！于是就唱了起来。可是乌鸦刚一张开嘴巴，肉就掉了下去，狐狸叼着肉一溜烟地跑了。

这个我们小时候都耳熟能详的故事，一再提醒我们面对过度的赞美要保持警惕，因为这样的赞美总是带有功利目的，而非真诚的。

过度赞美 2：夸大感受。感受虽然是很个体的，但大家对感受还是有基本的评价能力的。

有一次加班，因为孩子没有人带着，秦风只好带到单位一起加班。休息的时候，同事们都过来和孩子聊天，小许问孩子："你能给我们唱首歌吗？"孩子很爽快地就唱了，奶声奶气的，很可爱，但很多地方都唱得不准，有点跑调。等孩子唱完了，小许夸奖道："宝宝唱得太好了，是我听过的最好听的歌曲了。"后来，秦风对小许说："谢谢你刚才夸宝宝，不过他的确唱得不够好，你这样夸他，他会以为自己真的唱得很好呢！"

小许的夸奖可能是真心的，却让对方感觉到不舒服，因为夸大感受会给人留下阿谀奉承的感觉。

凡事都有度，赞美也是如此，最好的赞美应该是真诚而得体的。

让赞美真诚而得体的小办法

方法 1：原创而具体

好的赞美最好听起来是原创的，并且是只为对方一个人创造的，而不是适合任何人、任何场合，这样你的话才会有说服力。我们常常听到这样的赞美："你的头发很漂亮！""你真好！""你的衣服很好看！"

这些赞美放之四海而皆准，就像放了防腐剂一样，不会坏，但营养也流失了。让赞美变得唯一且具体的办法只有一个，就是加入适当的解释和细节。我们尝试把这些赞美做一下改动，你再体会一下，你更喜欢哪种？

你的头发很漂亮！——→我觉得这个新发型让你的眼睛看起来更明亮了！

你真好！ ——→ 每次我遇到困难，你都会来帮我，你真是个好人！

你的衣服很好看。——→ 你这件黑色礼服配上珍珠项链，显得特别高贵，搭配得很艺术啊！

改动后的赞美因为具体而不会让人觉得你是在敷衍或随口说说，更能显示出诚恳的态度，更容易被人接受。

刻意练习

将下面的赞美改动一下，变得唯一、具体、原创。

1. 你是一位好老师。
2. 你真善解人意。
3. 你工作很努力。
4. 你的气色不错。
5. 你们这个团队真棒。

方法 2：加上称呼

研究发现，人们认为自己的名字是世界上最动听的声音，对包含自己名字或称呼的语句也格外注意。如果在赞美的时候能够加上对方的名字，对方会认为赞美是只针对他一个人的，满足了每个人都渴望成为重要人物的愿望。

方法很简单，在你的赞美前加上对方的名字或称呼就可以了。我们来做个练习，把你的名字加在每句话前面。

________，我觉得这个新发型让你的眼睛看起来更明亮了！

________，每次我遇到困难，你都会来帮我，你真是个好人！

________，你这件黑色礼服配上珍珠项链，显得特别高贵，搭配得很艺术啊！

读一遍，并且体会一下，这样的赞美是不是更好一点？

方法 3：加上提问

如果你希望对方听了你的赞美之后，还可以与你继续交流几句；或者担心赞美令对方不好意思，（生活中有很多人面对赞美不知所措），那么如何让赞美接受起来更容易，显得不那么甜腻，又能促进双方进一步的交谈呢？可以在赞美之后加上一个适当的提问。

__________，我觉得这个新发型让你的眼睛看起来更明亮了！是在哪里做的？

__________，每次我遇到困难，你都会来帮我，你真是好人！你是如何做到这点的？

__________，你这件黑色礼服配上珍珠项链，显得特别高贵，搭配得很艺术啊！你有什么搭配的诀窍吗？

看看，这样是不是可以让对方打开话匣子呢？每个人都有很多经验，赞美之后的提问让对方更乐于与你分享他的经验，然后你会发现你们之间可以交谈的内容真的更多了。

8.2 太熟了，找不到赞美的点

情境

新员工小吴和侯宇同时入职，同在一个部门工作。小吴和同事之间的交流非常多，有同事换个发型，小吴会和对方聊一会头发；有的女同事穿了新衣服，小吴也会赞美一下……慢慢地，大家和小吴的交流多了起来。侯宇总觉得小吴的话太多，总觉得都是同事，没有必要赞美，于是埋头工作，沉默不语。到了年底，主管领导对员工进行考核的时候，侯宇满怀希望地以为自己因为业绩会受到表扬，结果考核里面写了这样的话："希望明年能够增进和同事之间的交流，尤其是要学会赞美身边的同事。"

情境分析

你是不是也和小吴一样，很少赞美身边人呢？熟人是不是也需要赞美？答案是肯定的，当然需要。

赞美熟人的难点在于大家都太熟了，因为熟，我们会把对方的一些言行看作理所应当；因为熟，我们会对对方的优点视而不见；因为熟，我们会羞于表达内心的赞美。

任何事情都要讲究方法，赞美熟人也是如此。

赞美熟人方法 1：看变化

熟人就是互相熟悉的人，对方的一些基本体貌特征、性格特点已经非常熟悉，不适合作为赞美的切入点，要注意观察对方的变化，并且给予赞美。可以是生理的变化，比如，最近脸色变好了，身材变苗条了，皮肤变好了；可以是穿着的变化，比如，买了新衣服，搭了新围巾；可以是生活上的变化，比如，孩子考上了大学，家里的新房子很漂亮，等等。总之，要注意到对方的变化，并且用赞美给予反馈。因为每个人都渴望成为焦点，每个人都渴望被关注，如果你注意到了同事细微的变化，并且给予赞美的话，对对方来说是一种关切和鼓励。

小丽穿了一条新裙子来上班，为了引起大家的注意，她穿过几个办公区去很远的地方接水，但谁也没有说什么。中午的时候，部门经理从外面回来，路过小丽工位的时候，特意走过去说了一句："小丽，今天有什么喜事吗，穿这么漂亮的裙子？裙子颜色很衬你的肤色啊！"小丽听了，当时就站了起来，说："经理，就你最会夸人了。我今天晚上要去相亲，你看穿这个行不？"部门经理很认真地打量一下，说："我们小丽最漂亮了，穿上这个裙子更漂亮，男孩子见了你准会两眼放光。"小丽很不放心地问道："真有那么好吗？""当然。"于是，整个下午小丽工作的时候都是能量满满的。

赞美熟人方法 2：信任刺激

有一种赞美的方法，听上去并不是赞美，但它会让对方心甘情愿地付出，这个方法就是信任刺激。信任刺激的基本句式很简单：

只有你能帮我……

我只信得过你……

当你请求对方帮助，对方以各种理由说“不行”的时候，这个句式就派上了用场。

最近你在做报表，涉及人员、数据很多，而你对 Excel 的使用又不是特别熟练，于是特别希望同事小李能够帮你设定一些公式，这样的话，计算的速度就会更快，你也就不用加班了。但当你请求小李帮忙的时候，小李为难地说：“不是我不帮你，我自己手里也有一大堆活干不完呢！”这时候，如果你说“小李，只有你能帮我了，别人我都信不过”，那么小李通常不太好拒绝。

为什么信任刺激能够起到赞美的作用呢？因为信任刺激让人产生优越感。信任刺激不仅适用于上下级之间，也适用于同级、亲人、朋友之间，是一种很好用的方法。

刻意练习

1. 你希望丈夫帮你大扫除，运用信任刺激你会怎么说？
2. 你想让朋友帮你买一张演唱会的票，你要怎么说？
3. 你希望下属加班，完成一项紧急任务，你要怎么说？

赞美熟人方法 3：间接赞美

有很多赞美其实不是直接表达出来的，但你能感受到那种善意。比如，你征求朋友对某件重要事情的意见；你在对方讲话的时候专注、耐心地倾听，并且提出问题；送给对方礼物，等等。你觉得还有哪些行为让你感受到被赞美了？

____

____

____

____

赞美熟人方法 4：背后赞美

背后赞美别人也是一种非常好的赞美方法，你不用担心你赞美的话不会传到对方的耳朵里，并且当你在某人面前赞美另一个人的时候，你在那个人心里留下的也是友善的、乐于欣赏和赞美别人的美好印象。

赞美熟人方法 5：感谢对方为你做的一切

有时候，我们不开口赞美熟人，不是因为不想，而是因为不习惯，总觉得这么熟了还赞美有点不好意思。其实如果你养成赞美的习惯，你会发现熟人之间不仅需要赞美，而且这种赞美能够极大地促进双方的关系。

小美的妈妈帮着小美带孩子，两代人在如何喂养孩子方面有很多不一样的想法，于是小美和妈妈之间也有很多摩擦。小美觉得妈妈的方法不科学，妈妈觉得自己这么辛苦居然换不回来一声感谢的话，还总是被抱怨。在沟通课上，老师布置了一项作业，感谢和赞美家人。那天小美回到家，在妈妈身边转了好半天，终于鼓起勇气说："妈妈，谢谢您这么长时间帮我带孩子，让我可以安心工作，真是太辛苦了！宝宝这么结实、健康，都是您的功劳。"说完之后，小美发现妈妈的眼圈红了，妈妈说："妈妈辛苦点儿不怕，只要你们过得好。"有了第一次赞美和感谢妈妈的经历，小美觉得"赞美的话再也不难说出口了"。于是，小美时不时地赞美妈妈，两个人的关系融洽了，育儿分歧也少了。

8.3 赞美领导，太难了吧

情境

林虹与赵梅同时和部门经理在一个项目组，在部门经理的领导下，项目进行得很顺利。部门经理头脑灵活，总是有新想法、新思路，每次部门经理有了新点子，林虹要么说“哇，领导你怎么会那么厉害！你的脑袋里为什么总是有那么多好点子？我的脑袋里难道是糨糊吗”，要么说“领导，你比我也大不了几岁，为什么比我强那么多？我什么时候才能追得上你”。领导听了这些话总是一副笑眯眯的样子，然后很热心地指导林虹的工作。赵梅也很佩服领导的能力，也想像林虹那样赞美领导几句，可是每次话到嘴边，都觉得太虚伪了，说不出口。

情境分析

赞美领导，很多人都觉得太难了，担心一说就错，于是选择不说。其实，只要说得得当，赞美领导不仅能拉近与领导的关系，也能给领导以激励，鼓舞团队士气。

赞美不是一件容易的事，赞美领导就更难。

第一难：从层级上讲，领导的层级更高，站位更高，权力更大，容易给人留下不好亲近、望尘莫及的感觉，很多人不敢轻易赞美领导，怕说不好，留下不好的印象。

第二难：从利益上讲，一个领导面对多个下属，下属与领导的关系会在下属间不自觉地形成一种竞争关系，所以赞美领导常常被认为是功利性的。赞美不好，就会变成溜须拍马。

第三难：从需求上讲，按照马斯洛的五个需求层次理论，领导在生理、安全、社交和尊重等方面的需求都不同程度地获得了满足，更多的是追求自我实现的需求，这样的话，赞美领导的范围就变窄了，难度也加大了。

第四难：从方向上讲，领导对下级赞美是自上而下的，是俯视；下级对领导进行赞美从自下而上的，是仰视。通常领导对人和事都有一定的认识高度，一般性的、流于表面的赞美往往对领导不起作用，甚至可能起负面作用。

赞美领导的七种方法

方法 1：从行为层面上升到优秀品质层面进行赞美

领导表现出来的是某种行为，但只赞美某种行为，那就太小儿科了。所以，赞美领导不能只赞美行为，要把行为上升到概念的层面，上升到某种优秀品质的层面。比如，你部门的领导在月底之前就提前布置员工进行盘点，这样在公司需要数据的时候，别的部门都手忙脚乱，唯有你们部门气定神闲，此时要把领导“提前布置工作”的这个行为概念化，上升到优秀品质层面进行考虑，可以赞美领导工作具有预见性。例如，可以这样讲：“幸亏我们遇到了一个有预见性的好领导，提前把工作都做完了，现在我们可以休假了，别的部门都羡慕我们呢！”

当然，把同一种行为上升到优秀品质层面可以有多种方向。比如，单位办公室里的杂物越来越多，领导组织大家清理杂物，让办公室整洁有序，办公环境更加清爽。这种行为可以衍生出好几种优秀品质，如爱干净，爱张罗，以公司为家等。具体赞美哪个方向，一看领导需要，二看具体情境，三看品质等级。相比较而言，以公司为家就比爱干净的品质层级更高。

刻意练习

尝试将下面的领导行为上升到优秀品质层面。

1. 领导教下属使用 Excel 报表中的某些公式。
2. 在领导的带领下，部门业绩遥遥领先，位居第一。
3. 一个难以攻克的难关，大家都想放弃了，只有领导不放弃，想了很多办法，最后完成了任务。

方法 2：从管理行为上进行赞美

很多人感觉赞美领导难，是因为找不到可以赞美的点。赞美领导的点完全可以从管理学中找到。管理学告诉我们，领导的管理行为主要有四项：计划、组织、领导、控制。我们可以从这四个方向找到赞美领导的点。

领导给你安排了一项工作，要求在下周四上午 11 点之前完成。（计划）

为了保证任务按时完成，领导安排另外两个员工小王、小刘配合你的工作，并且指定你任这个临时工作小组的组长，负责综合调度，小王负责前期调研，小刘负责数据整理。（组织）

这项工作第一次开展，也比较重要，领导专门和你谈话，教给你一些工作方法和带团队的技巧（领导）。

工作期间，领导多次询问工作进度。（控制）

看似普通的工作，内里隐藏着领导的智慧和投入，我们的赞美就是要看到领导的这些智慧和投入，把它讲出来。

首先，我们可以赞美领导计划周全，善于运筹帷幄，整体规划做得好。其次，我们可以赞美领导组织有方，成立了工作小组并且分工明确、合理。再次，我们可以赞美领导能力强，对员工进行鼓励和指导，避免走弯路。最后，我们还可以赞美领导节奏控制得好，总能在关键时候进行控制，保证了工作顺利完成。你现在是不是也发现赞美领导的点其实还有很多呢？

方法 3：把自己的业绩归功于上级

卡耐基说：“打动人心的最佳方式就是跟他谈论他最珍贵的事物，当你这么做时，不但会受到欢迎，而且还会使生命扩展。”对于领导来说，最珍贵的是什么？当然是他的业绩。所以，在你说出自己业绩的同时，不要忘了把自己的业绩归功于领导，这也是对领导的赞美。很多人习惯于只谈自己的业绩而略过领导的，这是不对的。一个人的工作不是孤立的，离开领导的指导与支持完成任务也是不现实的，即便你自己的努力更多，即便领导发挥的作用很小，也不要忘了领导。你可以说："如果没有领导在关键时刻把关，这次的任务根本不可能完成得这么顺利。火车跑得快，全靠车头带。"

方法 4：背后赞美显得更真诚

如果你觉得当面赞美领导的难度系数比较大的话，可以采取迂回策略，在背后赞美领导。在背后赞美领导的好处：第一，你可以更放松、更自如地表达对领导的敬佩之情；第二，背后赞美显得更真诚，少了拍马屁之嫌。所以，背后赞美的效果也是非常不错的。

背后赞美的方法：事实+结论或结论+事实。总之，要言之有物。你可以这样讲："我特别佩服我们领导的执着。上次有个客户，态度很不好，谈了几次，人家连好脸都不给，我们都不想谈了。我们领导想出各种办法，后来终于打动客户了，把一年的单子都给我们了，还是我们领导厉害！"

方法 5：以请教代替赞美

以请教代替赞美也是一种好方法。请教是把自己置于一个较低的位置，把对方置于一个很高的位置，以仰视的角度看待对方，从而制造一种能力差、位置差，让对方产生愉悦感的方法。

你可以这样说："领导，你能不能教教我，怎么能遇事不乱呢？"或者这样说："领导，我发现你在工作中总是有很多新点子，你是怎么做到的？能教教我吗？"通常，这样的请教式提问会激发起领导的回忆和自豪感，会滔滔不绝地和你讲起自己的光荣历史和成长史，满足领导的虚荣心和自尊心。

方法 6：在更大的领导面前赞美直属领导

你希望获得直属领导的认可，你的直属领导同样需要获得他的直属领导的认可，所以他和你一样，希望在直属领导那里建立良好的个人形象，我们就不妨利用这点，帮助自己的直属领导建立良好的个人形象。最简单的方法就是在更大的领导那里夸奖你的直属领导。

记住一点：永远不要和领导争功。

如果你有机会接触到更高级别的领导，不要忘了表现出对直属领导的钦佩之情，不要忘了顺带赞美直属领导。有的人习惯在大领导面前把功劳归于自己，贬低或忽略直属领导的工作，这并不会给自己加分，甚至可能在大领导那里留下“不厚道”的印象。所以，不要吝啬你的赞美，你的直属领导晋升了，你才有机会。

方法 7：把领导的工作在全局中放大

每个人的工作都是全局中的一个点，若干个点构成了部门工作的一条线，若干部门的线组成了全局工作的面，所以，部门领导的工作在全局中具有重要的地位。这给我们赞美领导提供了机会，那就是把领导的工作放到全局中去审视，说出他的工作对全局的贡献和影响。

比如，你所在的生产车间今年的劳动生产率大幅提升，废品率也降低了，原因在于车间主任重新设计了生产流程，采取了新的作业方式。这时候，除了可以夸奖领导管理水平高、办法多以外，还可以从对全局的影响角度去夸奖。你可以这样说：“今年咱们车间的生产作业法太好了，我觉得完全可以推广到全公司，甚至全集团，就叫某某（领导名字）作业法。”相信领导听了一定很高兴。

赞美领导虽难，但也是职业生涯的一部分，千万不要忽略。

刻意练习

根据以下案例，你可以找到哪些赞美领导的点？又该如何赞美呢？

领导安排你和小刘负责新员工培训工作，你负责计划制订，小刘负责内外部师资联络，你们分别担任两个班次的班主任工作。在工作开展前，领导给你们介绍了工作的流程，并介绍了往年培训的情况。在培训前、培训中和培训后领导多次督促检查工作，并且在培训前，领导发现内部师资中既有公司劳模，也有公司高层领导，还有青年职工中的优秀分子，于是建议把课程大纲由原来按照内容编排改为按照授课人进行模块化编排，这一提议受到了公司领导的表扬。

____

____

____

8.4 我想赞美陌生人，但怕说错

情境

我在一家机构学习古筝，这家机构刚刚开业，但学员很多，很快琴房就不够用了。我仔细观察这家机构的过人之处，发现经营者最大的诀窍就是赞美。无论来的是大人还是孩子，我总能听到他们的赞美；无论是第一次来的访问者还是这里的老学员，每次见到他们听到的也一定是赞美。我曾经在一年半的时间里，每天都去那里坚持练琴，后来我发现能让我坚持的，除了古筝的魅力之外，每天中午去听几句赞美也是动力之一。

情境分析

人人需要赞美，人人需要被肯定。如果你想在短时间内拉近和陌生人的距离，赞美无疑是既简单又实用的方法。赞美陌生人可参考以下五种方法。

方法 1：看特征

陌生人第一次见，可以注意观察对方的体貌特征，找到优点，进行赞美，如眼睛深邃、皮肤光滑、身材苗条等。

方法 2：逢物加价、遇人减岁

和外国人的习俗不同，中国人总喜欢问对方的年龄。无论是对方告诉你自己的年龄，还是让你猜测他的年龄，记住一定要说对方年轻，一定要比看上去的实际年龄少说几岁。因为年轻意味着好的生活状态、好的心态和好的保养。

方法 3：第三者赞美

借助第三人的口把赞美的话说出来。比如，“小赵，王总介绍你的时候，特意和我说，你工作特别认真，是领导的好帮手”，这句赞美的话并不是你说的，借助第三人的口把它说出来，但效果更好。因为每个人都希望听到别人对自己的评价，当这个评价是从第三人口里说出来的时候，更加可信。这种说法也能够融洽三方的关系。

方法 4：找到语言缝隙

在我们与对方交谈的过程中，对方给我们留出了很多语言缝隙，但很多人对这种语言缝隙不够敏感，结果错过了赞美的好机会。

世界上最伟大的推销员乔·吉拉德向一位客户销售汽车，交易过程十分顺利。当客户正要掏钱付款时，另一位推销员跟吉拉德谈起昨天的篮球赛，吉拉德一边跟同伴说笑，一边伸手去接车款，不料客户却突然掉头走开，连车也不买了。吉拉德冥思苦想了一天，不明白客户为什么对已经挑选好的汽车突然放弃了。夜里 11 点，他终于忍不住给客户打了一个电话，询问客户突然改变主意的理由。客户不高兴地在电话中告诉他：“今天下午付款时，我同你谈到了我的小儿子，他刚考上密歇根大学，是我们家的骄傲，可是你一点也没有听见，只顾跟你的同伴谈篮球赛。”

乔·吉拉德的失败在于他没有听出对方的语言缝隙，并给予及时的赞美。所以，我们要关注对方语言中的缝隙，寻找到可以赞美的点。比如，当对方说他很喜欢下围棋的时候，你可以怎么赞美呢？你也可以说：“下围棋可不容易，能下围棋的人一定非常聪明。”或者也可以说：“人家都说下围棋的人每走一步都要看出十几步，你的预见性一定特别强！”

刻意练习

1. 我今年利用假期去旅游了两次。
2. 我们家孩子特别聪明。
3. 今年年底事情特别多，我的同事帮了我很多忙。
4. 我一走进办公室就发现领导的脸色不对。
5. 昨天，我自己动手做了腊肠。

方法 5：赞同对方观点

我们在和对方聊天的时候，对方有一些观点非常不错，这时候不要吝啬你的赞美。你可以说：“你的观点很独特，你是怎么想出来的呢？”“这个观点有意思，我得把它记下来。”“你的观点总是与众不同。”

第 9 堂

占先机、控方向

——把握谈话主动权

9.1 他们说我说话太硬

情境

我和先生去买床，正赶上促销，家居商场里到处都是人，品牌店一个接着一个，看得我们眼花缭乱。好容易看见一家店只有店员一个人，没有客人，比较清静，我们就走了进去。服务员非常热情地打招呼："欢迎光临。"先生四处看了看，相中了一款实木雕花的床，可是一看价签，先生忍不住问了一句："你这床怎么这么贵呀？"

店员："我们这个床是采取人体工学设计的，全部是实木框架……"

先生："这是什么实木？"

店员："我们的床头是非洲的花梨木，非常珍贵。"

先生："那床的框架是什么木头的？"

店员："框架是榉木的，因为……"

一番对话后，先生看了看我，说："咱们再到别的店去看看。"

我说："这次，咱们到人多的店去看看。"于是我们走进了另一家店。店员正在招待客人，看见我们进来，说了一句："欢迎光临，您二位先自己看看，有喜欢的款式，我帮您介绍。"转了一圈，先生在一张实木雕花床前停下脚步，店员赶紧走过来，说："先生，您真有眼光，这是我们店里卖得最好的一款床。"

先生看了看价签，说："这床怎么这么贵？"

店员："先生，您说得太对了。这个床确实有点贵。因为我们这个床是采取人体工学设计的，全部是实木框架……"

先生："什么实木？"

店员："先生一看就识货，我们的床头是非洲的花梨木，非常珍贵。"

先生："那床的框架是什么木头的？"

店员："您的这个问题很多顾客都问过。框架是榉木的，因为……"

后来的结果你猜到了吗？先生决定购买第二家店的床，款式和材质都和第一家店区别不大，价格还要高一些。

回到家，我问先生："为什么不选择第一家店？"

先生说："那个服务员不会说话，说话硬邦邦的，好像谁欠她钱一样！第二个店员就比较会说话。"

我说："其实她们两个回答问题的话都差不多啊！你为什么觉得第二个店员会说话呢？"

先生沉默半天，说："是哈！可是我就是觉得第二个店员说话舒服。"

情境分析

大家和我先生是不是有同样的感受呢？如果你也有，我们是不是可以说，同样的话，不一样的人说出来就产生了不一样的效果呢？当然可以。既然如此，这个现象就值得我们研究了。

对比与两个店员的对话，对话的形式和内容都没有太大区别。要说有区别，就是第二个店员每次回答问题之前，都加了一句话，比如，"先生，您说得太对了"；"先生一看就识货"；"您这个问题很多顾客都问过"。这三句话让对话的性质产生了质的变化，从"硬邦邦"变成了"会说话"。

第二个店员这三句话的说法，我们用一个词来定义它，叫作"垫子"。"垫子"是在给出答案之前，又加了一句话，这句话通常是以赞美作为开头的。

不会说话的人通常不加垫子，如果你想比别人更会说话，你就需要自带垫子，相当于自带"美图"模式。从本质上说，垫子不仅仅关注问题本身，而且同时关注对方的感受。

垫子适用的三种情形

情形 1：不想回应时

我印象很深的一件事是，高考之后见了妈妈同事家的一个女孩，女孩很漂亮。

我们在一起聊天，她问什么，我就老老实实地答什么。但我发现在我提问的时候，她却可以巧妙地避开问题。比如，我问她："你这么漂亮，一定有很多男孩追吧？"她歪着头看着我，两个浅浅的酒窝像旋涡一样荡漾开来，笑着说："你这个问题真有趣！"然后就没有了。后来我听说，她为了与男朋友读一所学校，考了一所比自己分数低很多的学校。如果你是那个女孩，你会用什么样的方式来避开不想回答的问题呢？

情形 2：遇到挑衅时

培训的时候，总会遇到各种各样的学员，有的学员会挑衅老师。有一次在讲员工素养课程的时候，刚一开场一个学员站起来问我："老师，你讲那么多道理有什么用？我就想多挣钱。有钱才是硬道理！"很多学员也都跟着起哄："对呀！我们不需要道理，我们需要钱。"这时候，如果你是我，你会怎么办？如果老师硬碰硬地说："我讲道理也是为了让你们挣到更多的钱啊。"学员一定不会接受，但如果不回答这个问题，后面的课程有没有办法继续。于是我用到了"垫子"："这位学员的问题非常棒，说出了大家的心声，年轻人就该勇于表达自己的想法，大家认同吗？"学员一起回应："认同。"我说："那好，有谁愿意来回答一下他这个问题？"最后的结果是，很多学员站起来替我回答了问题，课堂的气氛很活跃，那位挑衅的学员听得也非常认真。

我们在日常职场中也会有遇到挑衅的时候。我在人力资源部做经理的时候，有一次查考勤，一位部门经理迟到了。当我向他通报结果的时候，他看到通报上赫然写着自己的名字，很是生气，当时就站起来，质问说："你有什么权利考核我？"我知道如果这次不坚持自己的意见，以后的工作就很难开展。于是我说："你这个问题问得好，也正是我想问的问题。"这样的回答不卑不亢，通过沟通，我们最后的谈话还很愉快。

情形 3：拉近关系时

与 60 后、70 后相比，新生代对建立社会关系往往是不屑的，至少不愿意主动地、花力气去维护某种关系，所以很多时候都处在浅关系里。我不主张违背个人意愿投其所好、钻营攀附，但人不能只活在自己的世界里。你在自己的世界里很舒服，不愿意和外界建立有效的连接，不是清高，而是胆怯。**真正成熟的人，既可以独处，又可以与人很好相处。**不论深关系还是浅关系，都需要付出才能拉近距离，而"垫子"刚好就可以有这样的功效。"垫子"可以在很短的时间内，帮你迅速拉近彼此的距离，建立更加有效的关系。

"垫子"自带"美图"模式

"垫子"在拉近人际关系方面具有很好的作用。

功能 1：融洽双方的关系

我的先生之所以觉得第二个店员会说话，是因为第二个店员店对顾客的问题给予了正面的、积极的评价，甚至赞美，使顾客产生受重视的感觉。这样的对话减少了对抗性，像垫子一样起到了缓冲和软化的作用。试想，如果两个人的对话一直处于一问一答的状态，会有点像审犯人一样，过于生硬，令人不舒服。这是垫子的第一个作用：融洽双方的关系。

功能 2：减少语言对抗性

我坐飞机的时候，曾经遇到这样一件事。一位年过七旬的大爷坐在前排，把座椅靠背的角度调得特别大，导致后面的乘客很不舒服，两人为此发生了口角。一位空姐走过来进行调解，后面的乘客说："飞机是公共空间，凭什么他调得那么多，有没有考虑过别人的感受？"前排的大爷站起来说："座椅靠背设计成这样，就是让乘客调的，你怎么那么多事？"后面的乘客一听这话更来了劲，眼看着一场争吵要无尽无休，空姐微笑着说："您的问题问得非常好，我相信大爷不是故意的，大爷，是这样吗？"大爷赶紧说："都是离家在外，谁能故意啊！还不是一不小心调多了。"一场纠纷圆满解决。空姐的语言艺术在于她用了垫子，"您的问题问得非常好"这句话减少了语言的对抗性，而且用"大爷也不是故意的"给双方一个台阶下。

功能 3：关注背后的原因

顾客在商店买了一台电脑，用了几天电脑突然不开机了，于是打电话去询问。顾客："我前几天刚在你家买的电脑，还没怎么用，就不能开机了，怎么回事？"

客服人员："先生，您这样的问题我们遇到的不多，能和我说说是怎么回事吗？"

在这段对话中，客服人员没有直接回答顾客的问题，而是先加了一个垫子，把注意力放在关切事情背后的原因上。加了这样的垫子，你会发现已经不仅仅是聚焦于问题本身，而是超越了表象，开始关注问题发生的原因。我们都知道解决问题首先要分析问题，找到问题原因才能找到对策。所以不是纠结于是否回答这个问题，而是一起分析解决问题。

功能 4：超越对方的问题

现在年轻人被逼婚、逼孩的现象比较普遍，害得很多年轻人宁可在单位加班，也不回家过年。如果你会用垫子，就可以避免这样的尴尬，游刃有余地应对各种神问题。比如，长辈问："你都这么大了，为什么不结婚？是不是你有什么问题啊！"你尽可以笑嘻嘻地说："你这个问题问得好。年龄大不结婚真可能是有点儿问题，我也想我有啥问题呢！"这个回答首先肯定了对方问题有价值，然后巧妙地避开了对方问题。既没有回答对方的问题，又不至于让对方太难堪。

垫子的四种方式

我们在椅子上加个垫子很简单，只需要有一个垫子铺在椅子上就可以了。我们在语言上加垫子也可以这么简单，只要记住以下四种方式就可以了。

第一种方式：肯定对方问题

所谓肯定对方问题，就是无论对方提出什么样的问题，都正向、积极地评价对方的问题，简单地说，就是夸问题问得好、问得有水平。

例如，2016 年 3 月 16 日（星期三）上午十二届全国人大四次会议闭幕后，中国新闻社和中国新闻网记者提问："总理你好。据了解，现在有些地方的养老金发放已经出现困难，一些市县在靠贷款发放养老金。请问总理，中央政府是坐视不管还是准备为它们埋单？谢谢。"李克强总理这样回答："你提的这个问题的确很尖锐，如实告诉你，确实有个别地方发生了养老金发放困难的问题，但这是一地之难、一时之急……"李克强总理在回答问题之前也加了一个垫子"你提的这个问题的确很尖锐"，肯定了对方的问题。

再如，顾客来买车，问："这辆车的油耗是多少啊？"你尽可以加一个垫子，这样说："您问这个问题很专业……"通常我们在回答这样的问题的时候，为了可以表述得更多，让对方了解得更多，我们总是先从原因说起，最后给出结论。但这样的回答常常让听者很不耐烦，甚至愤怒，有可能打断你的话，让你直接给出结论。但加了垫子则不同，垫子起到了很好的缓冲作用，让对方可以心平气和地听你的讲述。

在职场沟通中，我们也可以这样说。比如，小张说："领导，为什么别的部门都可以不加班，就我们部门留下来加班？"领导可以这样说："你这个问题问得好……"

在家庭沟通中，我们也可以这样说。比如，妻子问："你那么喜欢打游戏，是因为不知道干什么吗？"丈夫："你算是问到点子上了……"

刻意练习

肯定对方问题的话术有很多，你能写出来几种？请把它写在下面。

____

____

____

____

第二种方式：夸奖对方品质

当对方提出问题的时候，我们也可以从问题引申出对提问人的正面评价，可以借机夸奖一下对方。

比如，顾客问："这沙发使用的什么面料？我看着没啥档次啊。"服务员可以这样回应："一看您就是有身份的人。我们有100多种面料可供选择，你喜欢什么样的面料？"在这段对话中，如果直接回答顾客的提问，很可能是这样的："很多人都说我们的面料有档次，可能大家眼光不同。"或者用提问的方式："您怎么看出面料没有档次啦？很多人都喜欢这种面料呢！"表面上看，这两种回答也比较柔和，但语言中还是有对抗性的。使用垫子的话，没有直接与顾客交锋，而是很巧妙地回避了对方的问题，把对话的焦点从谈论面料有没有档次，转移到询问顾客喜欢什么样的面料。并且因为赞扬了顾客，顾客也会表现出非常好的配合度。

在职场沟通中，我们也可以。比如，下属问："领导，我考虑了一下，我们可不可以改造机器来提高效率呢？"领导可以这样讲："你能问这个问题，说明你对问题认真思考过了。"

在家庭沟通中，我们也可以这样说。比如，孩子问："妈妈，为什么别人家有车，我们家没有车呢？"妈妈可以说："你问这个问题，说明你认真观察了。"

你会发现，我们在这些回答中都没有因为对方的问题尖刻而表示异议，而是从对方的问题出发，看到了提问者优秀的个人品质，并做了积极评价。

刻意练习

夸奖对方品质的话术有很多，你能写出来几种？请把它写在下面。

第三种方式：把问题普遍化

所谓把问题普遍化，就是弱化问题的力度，告诉对方你提出这个问题并不奇怪，很多人有和你一样的疑问。这样的垫子能够增加对方的安全感，可以让对方卸下盔甲，进入放松状态。

比如，顾客来买手机，问服务员："这款手机的内存大吗？"服务员可以这样回答："您问的这个问题也是大家都关注的问题。"或者"您问的这个问题也是我们公司重点考虑的问题。"

在职场上也可以这样说。下属："领导，年底招工困难，我们可不可以提前做些准备？"领导可以这样说："你提的这个问题也是我非常关注的问题。"

在家庭中当然也可以这样说。丈夫问："你怎么又买一大堆化妆品啊？"妻子可以说："嗯，很多男人都问过这个问题。"

刻意练习

把问题普遍化的话术可以有很多，你能写出来几种？请把它写在下面。

第四种方式：说出自己感受

说出自己的感受是一种示弱的说法，当对方提出来的问题让你很为难或很尴尬的时候，就可以说出自己的感受。

比如，顾客问服务员："这件衣服能便宜点吗？"服务员可以这样回答："这让我很为难！我们都是明码标价的，不能便宜了。"如果服务员直接回答"不能"，显得太过于生硬，顾客可能转身就走，不买了。但是，加了一个垫子，说出了自己的感受，反而能让顾客心生怜悯。

在职场沟通中也可以这样说。下属问：“领导，我们最近加班的次数太多了，可不可以给点加班费啊？”领导可以这样说：“这个问题真的让我很为难。”

在家庭中也可以这样说。孩子问爸爸：“爸爸，宇宙有多大？”爸爸可以说：“这个问题真的把爸爸难住了。”

刻意练习

说出自己感受的话术可以有很多，你能写出来几种？请把它写在下面。

下面针对四种垫子的方式，我们也提供一些答案供大家参考，如图 9-1 所示。

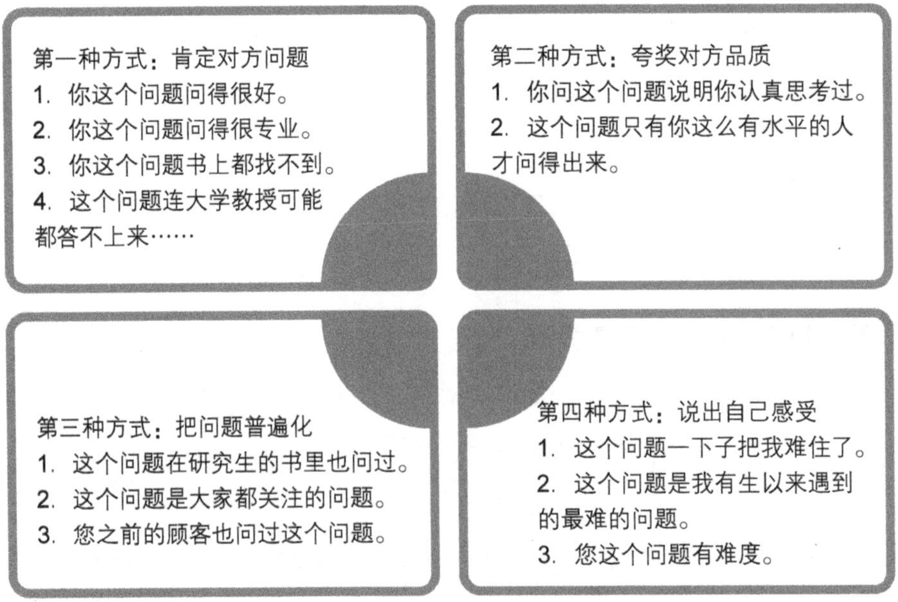

图 9-1 垫子的四种方式

9.2 我想让他们按照我的想法去做

情境

我去黄山旅游，从上车起，导游就开始做讲解。讲到黄山上用餐问题的时候，导游是这样讲的："黄山只有山，没有一块可以种植的土地，所以你们在山上喝的每一滴水、吃的任何一种食物，都是挑山工一点一点挑上去的。等你们到了山上，见了挑山工，就会知道山上的一餐一饭都来之不易。因为东西都是挑上去的，所以和我们在山下吃的肯定不是一个价格，要比山下贵好多。你们也可以自己带一点面包、香肠，但爬山很辛苦，你们要在山上吃两顿中餐、一顿晚餐和一顿早餐，如果都是自己背的话太辛苦。如果嫌辛苦，也可以在山上定团餐，就是比较贵。"这时候，有团员问："贵是多少钱啊？"导游说："中、晚餐 60 元一位，早餐 30 元一位。"大家听了，长舒一口气，说："那我们还是定团餐吧！"这个导游是如何不费吹灰之力就说服大家购买团餐的呢？他用了什么办法？

情境分析

把自己的想法装进别人大脑，是很困难的一件事。但上述案例中导游为我们提供了一个非常好的方法，他使用的这个方法我们称为"控制"。

"控制"，是在沟通中设定一个规范、一个范围，使对话按照预期的方向进行。

"控制"的作用

作用 1：获得谈话优势

部门员工要轮岗，有一位老员工仗着自己是元老，而且业绩的确骄人，几次放出话来说："谁爱轮岗谁轮岗，我就不轮岗。"部门经理思考了几天，找这位老员工谈话的时候，说："老张，有一件事，我知道你很为难，但是我还必须说。"

老张："什么事这么严重？"

部门经理："我知道你的业绩是全公司最好的，能力是最强的，对这次轮岗你有自己的想法，我也理解。现在大家都轮岗了，就你不动，大家对你、对我都有看法。你也为难，我也很为难。"部门经理的话"有一件事，我知道你很为难，但是我还必须说"就形成了一种控制，"控制"类似于我们俗话说的"把丑话说在前面"，把对方将要说出来的话提前说出来，从而达到控制谈话方向的目的。

作用 2：获得对方认可

《鹿鼎记》一书中有一段康熙想让韦小宝帮助自己除掉鳌拜的对话。

康熙："我要你办一件事，你有没有胆子？"

韦小宝："你叫我办事情，我还怕什么？"

康熙："这件事非同小可，办得不妥，你我俱有性命之忧。"

韦小宝略略一惊，说道："最多我有性命之忧。你是皇帝，谁敢害你？再说，你照看着我，我说什么也不能有性命之忧。"

康熙道："鳌拜这厮蛮横无礼，心有异谋，今日咱们要拿了他，你敢不敢？"

韦小宝听说要拿鳌拜，不由大喜，忙道："妙极，妙极！我早说咱二合力斗他一斗。就算他是满洲第一勇士，你我武功都练得差不多了，绝不怕他。"

康熙在说服韦小宝帮助自己除掉鳌拜时用的就是"控制"方法。"我要你办一件事，你有没有胆子？"如果韦小宝说自己不愿去做，那就落入了康熙的语言陷阱"没有胆子"。"今日咱们要拿了他，你敢不敢？"意思也是如果你不同意，你不敢，就说明你是胆小鬼。韦小宝的话里也有"控制"："最多我有性命之忧。你是皇帝，谁敢害你？再说，你照看着我，我说什么也不能有性命之忧。"意思很明显，你是皇帝，你要保我性命。这就是"控制"的第二个作用，让对方更容易认可你的观点。

控制的三种方式

第一种方式：说出对方想说的话

“控制”之所以形成了“控制”就在于替对方说出了他想说出的话，使得对方没有办法反驳。所以我们可以预测对方有可能说的话，并且替他说出来。

公司年初召开预算会议，审议各部门全年预算。李勇部门预算的增长比例超出了其他部门。

李勇：“经过认真测算，今年我们部门的预算初步定为 850 万元，与上一年相比增长 23%。”

张经理：“你们部门增长得太多了，不是说不能超过营业额的增长速度吗？你们为什么增长那么多？”

李勇：“因为……”

张经理：“你的理由可能很充分，但别的部门都能按照规定执行，为什么你们特殊啊？”

李勇：“我们部门哪里特殊？还不是工作需要嘛！因为……”

预算审议会议变成了辩论会，大家不欢而散。

如果李勇是这样说的：“我们部门今年的预算可能超出了大家的预期。”李勇说出了大家想说的结论，大家就不会再纠结于这个结论，而是着眼于这个结论背后的原因和解决问题的办法。张经理可能问：“为什么呢？”这样的问句没有指责，而是倾向于尽量理解，给李勇的解释提供了空间。这时候李勇给出理由，张经理可能不同意李勇的理由，但他依然可以平静地说：“你的理由可能很充分，但别的部门都能按照规定执行，希望你们部门也能尽量压缩预算。”在这样的对话中，我们发现因为有了“控制”，而少了很多情绪，至少大家可以心平气和地讨论问题。

同样地，领导给下属布置工作，任务比较艰巨，可能需要加班，而且持续的时间会比较长，领导预测到下属可能有畏难情绪。于是领导在布置任务的时候说：“我知道这项工作你们可能有畏难情绪。”你说出了下属想说的话，下属再想反驳也很难，并且也体现出领导对下属的关心和理解。

家庭中也可以用“控制”。丈夫要出去应酬、喝酒。妻子问他几点回来，如果他说9点回来，但9点半才回来，迎接他的可能是“暴风骤雨”。如果丈夫说：“今天可能要晚一点儿。”同样是9点半回来，妻子可能就心平气和，甚至可能说：“你不是说晚点回来吗？这个点儿不晚。”

第二种方式：给出不同的选择

所谓给出不同的选择，很简单，可以这样说：“有一个好消息，一个坏消息，你想听哪一个。”给出好消息和坏消息的不同选择，也是一种“控制”。因为在你说出想听坏消息的时候，心理已经做好了准备，对事情的预期不断下降，如果坏消息还没有触及底线的话，接受起来会比较容易。

女儿：“妈妈，一个坏消息和一个好消息，你想听哪个？”

妈妈：“坏消息吧！”（这时候妈妈想不会是在学校闯祸了吧？）

女儿：“我把你新给我买的iPad弄丢了。”

妈妈虽然不高兴，但这个消息远比自己预期的要好很多，所以语气也大为缓和：“哦，只要你没丢就好。那好消息是什么？”

女儿：“好消息是寝室同学又帮我找到了。”

这种方式可以让你将难以启齿或难为情的事情顺利地表达出来，而且让对方接受起来更容易。

有一项研究表明，当人们面对好消息和坏消息的选择时，往往会选择优先听坏消息。

第三种方式：表现比对方更期待

有时候，对方提出的要求我们无法满足，需要一个合适的方式表达出我们的观点，这时候，表现出比对方更期待是一个好办法。

女孩：“要是有一辆车就好了，我们就可以开着车去旅游了。”

男孩：“我们不能买车，做生意还需要钱呢！”

女孩可能不高兴：“你就爱你的生意，都不爱我！

男孩：“我怎么不爱你了，我做生意不也是为了我们过上更好的生活吗？你为什么就不能懂点儿事呢？”

从买不买车拐到了爱不爱的问题，这是一个永远也讨论不清的问题。继续下去，只会越来越僵。但如果会“控制”，则是不一样的对话。

女孩：“要是有一辆车就好了，我们就可以开着车去旅游了。”

男孩：“我比你还想有一辆车呢！这样上货的时候就不用一趟一趟搬来搬去了，还可以带你去看全世界。”

这样的对话使双方都沉浸在对未来美好的向往之中，只有一致的人生理想，而没有分歧。

9.3 让对方没有压力地接受我的意见

情境

一艘载有不同国籍游客的游船，在海面上航线，结果触礁，船很快就要沉没。游客必须马上穿上救生衣，跳海逃生。船长命令大副：“赶紧通知那些游客，穿上救生衣，马上从甲板上跳海。”几分钟后，大副回来报告：“真急人，谁也不肯往下跳。”于是船长亲自出马。说来也怪，没多久，这些游客都顺从地跳下海去。“您是怎么说服他们的？”大副请教船长。船长说：“我告诉法国人，跳海是一种别出心裁的游戏；我对德国人说，我以船长的身份命令你，立即跳海求生，否则按军法论处；我对中国游客说，你们家有父母和妻儿，正在等待你的照顾，快点逃生吧；在英国游客面前，我说，你没看那么多妇女和儿童都落水了，可爱的绅士们，快点去救他们吧；在俄国人面前，我认真地表示，跳海是革命的壮举。”“您是怎么说服美国人的？”“那还不容易，”船长得意地说：“我说已经为他们办理了巨额保险。”

情境分析

故事中的这位船长真的是一为位非常有智慧的人，因为说服别人是一件很困难的事，而这位船长巧妙地说服各种文化背景的人，不能不说掌握了说服的精髓。

我们先来做个测试。假设你有一个特别好的工作创意，自己想了很久，也想得很周全，好到你恨不得马上和领导、同事分享。好不容易熬到第二天开会，你急不可待地说出了自己的创意，结果大家都认为自己的创意好，都企图说服别人。当大家企图说服你的时候，你的心情是什么样的呢？如果让你从图 9-2 中的词汇里面选择的话，你会选哪个？

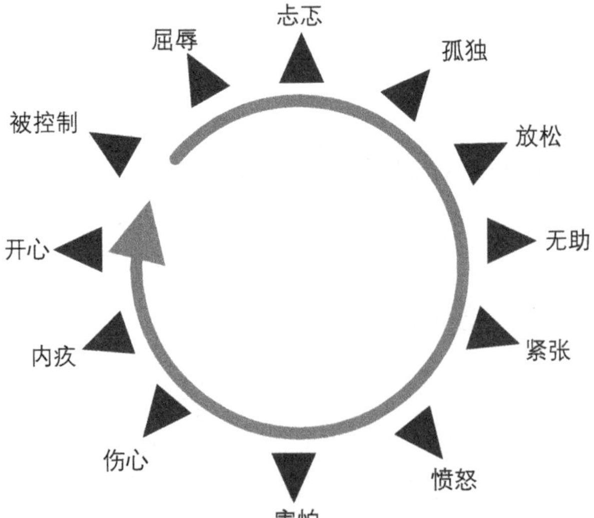

图 9-2　被说服时的心情

当一个人在被别人企图说服的时候，通常会产生被控制、屈辱进而愤怒的感觉，身体及精神都会全神贯注地进入防御状态。

说服的本质

一般来说，我们理解说服就是把别人说“服了”。所谓“服了”，就是“你全对，我照单全收”，我完全按照你说的去做。但是，是不是真的有这种说服呢？除了沟通双方在地位上完全不对等的情况外，如领导与下属、长辈与晚辈的关系，这种说服可以在表面上达成之外，我认为并不存在某人把另一人说服的情况。只存在一种情况，即**对方自己把自己说服**。他们用自己的方式从你提供的信息中汲取有价值的素材，用自己认可的理由说服自己。所以，**说服的本质，是引导对方得出你想说出的结论。**

有一个笑话。小白兔用胡萝卜当鱼饵去钓鱼，钓了很久也没有钓到鱼，有一天它又去钓鱼，一条大鱼跃出水面，气愤地对小白兔说：“小白兔，你再用胡萝卜当鱼饵，小心我揍你！”虽然这是个笑话，但很深刻。小白兔为什么钓不到鱼呢？因为鱼饵不对，鱼自己都不能说服自己吃胡萝卜，小白兔怎么可能钓到鱼呢？还有一个问题，为什么小白兔用胡萝卜当鱼饵？因为它觉得胡萝卜是最好吃的东西。这个故事也是我们日常说服的写照。我们总是急于把自己认为最好的东西拿出来，企图送给对方，但当对方说“我不需要”时，我们就很气愤，这么好的东西，你居然不要？于是花更大的力气去说服对方，最后就演变成了一个跑一个追的游戏。我们真的可以从这个故事反思一下，你的说服方式正确吗？你的鱼饵对吗？

卡耐基在《人性的弱点》中有一句话：“你感兴趣的是你所要的，但别人并不对你感兴趣的感兴趣。”其他人，跟你一样，只对自己所要的感兴趣。唯一能影响别人的方法，就是谈论他所要的。并不是你说服了别人，而是对方自己说服了自己。

既然说服是别人自己说服自己，我们就要来研究如何让对方自己说服自己，我们要如何给对方提供素材呢？

提供说服素材的方法：利己思考、利他表达

部门事情太多，人员又少，你累得焦头烂额，你很想说服领导为部门增加一个人。你会怎么说？

A：领导，活这么多，都快累死我们了，能不能增加个人啊？

B：领导，最近我们一直在努力干，工作还是干不完，我们加班倒是没关系，关键是上级领导可能认为咱们部门有问题，会觉得我们没有为完成任务积极想办法。与其这样，我们还不如努力争取加个人，也许工作效果会好很多。

你的选择是什么？

我们来分析一下 A、B 两个选项。我们在说服对方的时候，往往习惯于从自己的利益出发阐述观点，这会让对方产生“这是你的事，和我有什么关系”的感觉。就像 A 的说法，你觉得领导会被说服吗？领导心里想的是“你干不出来是你能力有问题，想增加人手，你无非就是想自己轻巧，我才不上你的当”。另外，你会发现当你倾诉自己利益的时候，不自觉就会抱怨，语气也会发生了变化，很难心平气和地谈论事情。而且对方发现你试图说服他，也会马上进入防御状态。所以，能够说服对方的材料一定是与对方利益有关的。

B 的回答把对方的利益放在了前面，没有过分阐述自己的利益。我们把 B 的回答翻译过来是这样的：如果我们不增加人，坏处是上级领导认为你领导能力不够，会认为你没有为改进工作积极想办法。这句话对于一个任何中层领导来说，都是会引起其注意的，因为与他的个人利益、部门利益息息相关。所以，这句话好就好在为领导接受你的意见提供了自我说服的素材，而且你发现这里用了“控制”的办法，如果你忘了什么是“控制”以及如何应用“控制”，可以翻回去再看看。

我们把 B 的表述方式总结为利己思考、利他表达。

所谓利己思考，就是当我们在思考一件事情的解决方案时，无论你自诩多么公心，多么无私，不可否认的是你都有自己的利益在里面。所以，我们思考的方

式是一种利己思考。这没有什么错，自我保护是我们人类的一种本能。

所谓利他表达，就是在表达的时候，要做到把对方价值放在第一位。即对方同意你这样做的价值是不仅对你有利，更重要的是对对方有利。就像我们上面的那个例子，如果你在表述的时候把领导的利益放在第一位，效果就会大不同。

所以，当你准备去说服某个人的时候，你不妨像图 9-3 这样列出对双方有利的地方。

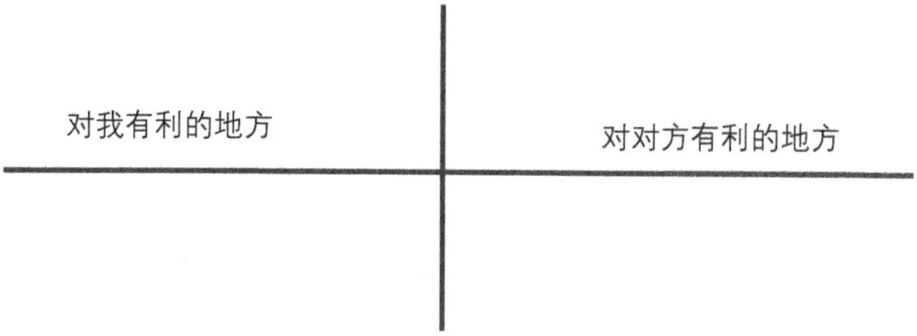

图 9-3　利己思考，利他表达

归结起来一句话：在思考的时候，我们想的是对自己有什么益处；在表述的时候，我们从有利于对方的角度开始说起。这就是利己思考，利他表达。

9.4 说服别人是不是也有套路

情境

赵太后新用事，秦急攻之。赵氏求救于齐，齐曰："必以长安君为质，兵乃出。"太后不肯，大臣强谏。太后明谓左右："有复言令长安君为质者，老妇必唾其面。"

左师触龙言：愿见太后。太后盛气而揖之。入而徐趋，至而自谢，曰："老臣病足，曾不能疾走，不得见久矣。窃自恕，而恐太后玉体之有所郄也，故愿望见太后。"太后曰："老妇恃辇而行。"曰："日食饮得无衰乎？"曰："恃粥耳。"曰："老臣今者殊不欲食，乃自强步，日三四里，少益耆食，和于身。"太后曰："老妇不能。”太后之色少解。

左师公曰：“老臣贱息舒祺，最少，不肖；而臣衰，窃爱怜之。愿令得补黑衣之数，以卫王宫。没死以闻。”太后曰：“敬诺。年几何矣？”对曰：“十五岁矣。虽少，愿及未填沟壑而托之。”太后曰：“丈夫亦爱怜其少子乎？”对曰：“甚于妇人。”太后笑曰：“妇人异甚。”对曰：“老臣窃以为媪之爱燕后贤于长安君。”曰：“君过矣！不若长安君之甚。”

左师公曰：“父母之爱子，则为之计深远。媪之送燕后也，持其踵，为之泣，念悲其远也，亦哀之矣。已行，非弗思也，祭祀必祝之，祝曰：‘必勿使反。’岂非计久长，有子孙相继为王也哉？”太后曰：“然。”

左师公曰：“今三世以前，至于赵之为赵，赵王之子孙侯者，其继有在者乎？”曰：“无有。”曰：“微独赵，诸侯有在者乎？”曰：“老妇不闻也。”“此其近者祸及身，远者及其子孙。岂人主之子孙则必不善哉？位尊而无功，奉厚而无劳，而挟重器多也。今媪尊长安君之位，而封之以膏腴之地，多予之重器，而不及今令有功于国，一旦山陵崩，长安君何以自托于赵？老臣以媪为长安君计短也，故以为其爱不若燕后。”太后曰：“诺，恣君之所使之。”

于是为长安君约车百乘，质于齐，齐兵乃出。

子义闻之曰：“人主之子也、骨肉之亲也，犹不能恃无功之尊、无劳之奉，已守金玉之重也，而况人臣乎。

情境分析

《触龙说赵太后》是中国古代非常著名的说服故事，触龙以高超的技巧说服了赵太后，今天读来仍为触龙的智慧所打动。我们的生活中充满了说服，美国前总统杜鲁门说过：“我每天坐在这里，都在想应该怎样去说服别人——这就是总统的全部权利。”

说服的原理

说服怎么才能起作用？这个背后有哪些规律可循？我们看看说服的原理。这部分借鉴了影响力大师罗伯特·西奥迪尼的一些观点，也包含一些自己独特的观点。

原理 1：得失原理

一个人对损失的关注往往大于所得。《应用心理学》杂志在 1988 年刊登了一篇关于加州私人住宅拥有者的调查报告。在报告中，一半的房主被告知，如果给整栋房子加绝缘层，可以每天节省一笔费用。另一半则被告知，如果没有加绝缘层，每天会损失一定数量的金钱（数量和前一种告知方式一样）。结果，被告知将遭受损失的房主多数都给房子加了绝缘层，其人数比例远超过那些被告知可以节省费用的房主。所以，如果说服别人，说他将从你的建议中获益多少，不如说不接受你的建议他将损失多少。有个朋友去看房，当天就定下来购买，后来问他原因，他说售楼员告诉他："如果你今天不买，用不了多久一平方米房价上涨 500 元的话，他就将损失 5 万元，如果上涨 1 000 元，他就将损失 10 万元。"于是他就决定购买了。这就利用了得失原理。

原理 2：言行一致原理

人们总有言行一致的行为倾向，特别是当做出明确承诺的时候，往往会付出相应的行为。以色列心理学家在《个性与社会心理》杂志上提及，他们调查某小区居民是否同意为残障人士建立一个娱乐中心，几乎所有人都同意此项慈善活动，区别在于有的人被要求书面签名，有的人则没有被要求。两周后，研究人员联络同样一批居民，请求他们为此项目捐款。他们惊讶地发现，那些未在请愿书上签名的人，只有略微超过半数的人捐款，而书面签名的人中则有 92%捐了款。所以，可以用签下承诺书的方式让对方对承诺负责。比如，我们希望孩子在参加家庭聚会的时候可以表现更好，我们可以在出发前问他："你愿意承诺在聚会的时候不与小朋友打架吗？”如果他承诺了，一般都会遵守。

原理 3：权威原理

人们往往相信、听从专家的建议。用在人际说服中，你可以引用名家的话。比如，在一些销售场合会请一个专家来，告知大家这个专家的一大堆头衔和业绩，结果本来不想买商品的人，因为专家说商品好，也买了很多。

原理 4：相似性原理

人们会效仿与其相似的人的行为，很多保健品店会利用这点来做销售。比如，会放所谓被治愈患者的录像，会请患者现身说法。我妈妈有一个阶段特别想买一种保健品，她和我说："某某老太太和我一样的毛病，买了 3 万多元的保健品，某某老头一家六口人都吃……"作为老师出身的她一直都还比较理性，但那一次她报了必买的信念，这里面相似性原理起了很大作用。

原理 5：登门槛效应

戴维·迈尔斯在《社会心理学》一书中这样写道："实验表明，如果想要别人帮你一个大忙，一个有效的策略是，先请他们帮一个小忙。"这一登门槛效应被证实十分有效。研究者假扮成安全驾驶的志愿者，我们请求加利福尼亚人在院子前安置巨大的、印刷比较粗糙的'安全驾驶'标志。结果只有 17%的人答应了。然后研究者就请求其他的人先帮一个小忙，他们可以在窗口安置一个 3 英寸的'做一个安全驾驶员'的标志吗？几乎所有人都欣然答应。两周后，76%的人同意在他们的院子竖起大而丑陋的宣传标志。"所以，如果你希望对方答应你一个大的请求，你可以先让他满足一个小的请求。

说服的三种方法

方法 1：讲故事说服

我们前面讲过，说服的本质是让对方说出你想说的话。通过讲故事，让对方自己从故事中得出一个结论，不失为说服的一种好办法。

朋友和我说："在单位被孤立、被边缘化，感觉不舒服，又无力改变。"我说："我给你讲一个故事吧。当年我在企业工作的时候，有一个新来的文秘，主要做打字工作，那时候还做不到人人有电脑、各个部门都有打印机，所以她非常忙。她的态度非常好，而且装订从来都是整整齐齐，大家委托她做一点额外的工作，也从不见她推脱。她还有一个优点，能背下来所有中层以上干部的手机电话，大家都会找她要电话，找她做点事，慢慢大家发现离不开她来了，一年后她成了坐在老总门口的总经理秘书。"朋友若有所思地点点头："嗯，我明白你的意思了，有为才能有位，是吗？"

如果你希望让对方接受你的不同观点，也可以尝试讲故事。人人喜欢故事，并且人的思考习惯也是不断归纳总结，所以你选对故事，对方自然会得出结论，而且结论是他自己说出来的，就好像自己说服自己一样，接受起来更容易。

方法 2：提问式说服

好的提问能够帮助对方思考，并且帮助对方自己找到答案。

有个朋友和我讲，只要你虔诚的祈祷就一定能有好的结果，并且给我举了三个祈祷成功的例子。我不想和他争论，于是我问了这样的问题："你一共祈祷了多少次？这些祈祷中成功的比率有多少？"他愣了一下，说："好问题。"我们没有就这个问题继续探讨下去，但我想他会思考我的问题。

方法 3：利益对比法

在冯小刚的书《不省心》里记载了当年邀请葛优出演《编辑部的故事》的情形。

我们一起上楼。从等电梯到乘电梯到 12 楼，穿过漫长的走廊，来到葛优家坐定，我一口气已经把来意说了个大概齐了。葛优现出了矛盾的心情。

他说："我已经答应了张小敏，上她的《大冲撞》。正好和你们的时间冲突了。"

我问他："你在那部片子里演什么角色？"

他说："就演一个宾馆的经理，小配角。"

我说："那我们这出戏请你演的是主角，一号人物。剧本就是照着你写的。"

他想了想又说："能不能两部戏协调一下，都上。"

我说："不太可能，天天都有你的戏，你一走了，全剧组就得趴窝。"

他真的为难了，说："要不算了。我都先答应张小敏了，不上，就把人家得罪了。我也知道你们的戏有意思，咱俩初次见面不熟悉，王朔我知道，肯定写的错不了。可那也不能因为上一个戏得罪朋友啊。"

我赶紧说："我你是不熟，不算朋友，王朔得算你的朋友吧。你上我们的戏得罪张小敏，那你就不怕上了她的戏得罪这拨朋友吗？"

他忙说："我也不愿意得罪。"

我说："那好办了。反正都是得罪朋友，那你就权衡利弊吧，两害相权取其轻，上张小敏的戏，你得罪了我们，却演个配角；上我们的戏，你得罪了张小敏，却演的是一个绝对的主角，而且保证戏一出来就炸了。主意你自己拿，我们等你的信。"

这个谈话的结果大家都知道，葛优最终选择了出演《编辑部的故事》，并因此红遍大江南北。冯小刚运用的说服方法就是利益对比法。

第 10 堂

巧处理、有收获

——实现冲突的意义

10.1 不知道怎么搞的，冲突就发生了

情境

主管安排程志和林洪共同完成一项工作任务，为经销商见面会做幻灯片，要求七天以后交稿。程志主动找到林洪，说："林洪，我们商量一下怎么做？"林洪说："急什么呀？还有好几天呢！不急。"过了两天，程志看林洪还没有动静，就又去找林洪商量。这回林洪说："这样吧，我们一人一半，我做公司简介部分，你做供应商收益部分。"程志知道供应商收益部分比较难做，但也不好说什么。程志加班加点，终于在第五天做完了。程志拿给林洪看，林洪看了，大叫起来："谁让你用这个模板啦？多丑啊？你不知道和我用一个模板吗？"程志听了，也火冒三丈，说："你什么时候说让我和你用一个模板啦？"结果两个人差一点吵起来，不欢而散。

情境分析

看完这个情境，你是不是会有些气愤？觉得林洪这个人的做法实在不怎么样。但是，很遗憾，我们在工作中就会遇到各种各样的人，既然不可能离群索居，你就要学会与不同的人相处。

人与人相处，难免会有冲突。冲突是指发生在同一时空的两个或两个以上事物互相对抗的过程。对于不同的冲突有不同的处理方式，即便同样的冲突，不同的人采取的措施也不尽相同。对冲突的处理，集中体现了个人的处世方式和处世能力，也体现了个人的价值体系和对自己的认识。

冲突的积极意义

有了冲突是不是就不好？不是，冲突有负面意义，让人与人之间的关系暂时

处于一种紧张状态，但冲突也有积极意义。**冲突的积极意义在于划定了双方关系的底线，认清自己，促进双方建立一种新的关系。**

冲突意义 1：明确利益边界

记得上小学的时候，男女同学共用一个双人课桌，为了划清双方的利益边界，我们会在桌子上画一个“三八线”，这个三八线就是利益边界。但很多时候，生活中并没有这样明显的利益边界，会有人有意无意地践踏别人的利益边界。为了明确双方的界限，我们需要一些必要的冲突。在“中国式”人际关系中，往往缺少明确的利益边界，为人际冲突埋下了隐患。

冲突意义 2：清晰认识自己

在冲突中，让我们愤怒的并不是外在的人、事、物，而是我们内在对人、事、物的看法。比如，你的某一项工作完成得很漂亮，期待领导给你表扬，但领导事情太多，没有再提及这件事。你变得很愤怒，心想：“为什么我做得这么好领导都看不见？”其实领导并没有做什么错事，让你愤怒的是你内心的想法。你的想法是领导应该看到我的成绩，并且应该表扬我。如果你学会通过冲突更加清晰地认识自己的话，你会意识到你需要获得认可。所以，我们通过冲突看到自己内在的需要，也通过冲突看见自己的问题和缺点。

冲突意义 3：建立新的关系

古语讲“不打不相识”，说的是通过冲突可以建立一种全新的、更有建设意义的关系。我们通过冲突明确了双方的利益边界，也通过冲突认识自己和他人，这将使双方的关系进入新的层面。

其实发生冲突并不可怕，关键是要掌握冲突的处理技巧，让冲突可以发挥积极作用，产生价值。如果你只是一味地制造冲突，而没有从冲突中收获的话，真的很遗憾，你在冲突中生过的气、流过的泪，甚至流过的血都没有意义和价值。

让一个人成长的不是年龄，而是经历。经历冲突无疑是个人成长的比较好的方式。所以，冲突来了不要害怕，而是努力让冲突帮助你实现三个价值。

冲突产生的四种原因

原因 1：价值观冲突

价值观是我们在生活和工作当中所看中的原则、标准和品质。它指向我们一生中最重要的东西，因此它也是一套自我激励机制。

我曾经在课堂上问大学生一个问题："如果你的老师知道你的好朋友偷拿了别人的东西，老师问你知不知道，你会怎么说？"有的同学说"不知道"；有的同学说"看严重程度，如果不太严重就说知道，如果严重，就说不知道，回来私下里和好朋友交流一下，劝他还回去"；还有的同学直接说"知道"。我又接着问："为什么？"有的同学说"多一事不如少一事"；有的同学说"对朋友要忠诚，所以不能说"；有的同学说"不能撒谎，所以要告诉老师"；还有一位学业很优秀的女同学说"要和老师搞好关系"。

通过这个案例，我们能看出大家处理问题的方式不同，是因为背后的价值观不同。价值观不同，可能引发冲突。

怎么来识别一个人的价值观呢？通过观察对方语言中的理由和结论，就可以找到对方的价值观。比如，"部门要更注重团队建设，因为一个拳头打出去更有力量"，这句话背后的价值观是"合作""部门要有竞争氛围，因为有竞争才有活力"。这句话背后的价值观是竞争。

如果你能从对方的语言中辨别出价值观，你就能知道冲突的根本原因。

原因 2：知觉冲突

什么是知觉？就是大家对同一件事情的感觉。最典型的是，网上针对一件漂亮连衣裙颜色的讨论，有人说是白金相间，有人说是蓝黑相间。持不一样观点的人，哪个错了呢？哪个也没错，因为大家的知觉不同。但是，很多人都是从自己的主观出发去考虑问题，不愿意接纳并理解对别人的感受，所以冲突就发生了。

知觉冲突比较个性化，在你看来不值得大动肝火的事情，可能在对方那里就是天大的事情。

张国年级轻轻就是一家公司的副总，公司另外几位副总都比他年纪大，总工程师林总也比他大十岁，是看着张国一步一步被提拔为副总的。年底公司召开庆祝会，大家都给老总敬酒，眼看快轮到张国敬酒了，林总拿着酒瓶过来，对张国说："该你给领导敬酒啦！"张国说了一句："用你提醒啊！"林总的脸比喝了酒还红。

这个冲突当中，双方对"该你给领导敬酒啦"这句话的知觉是不同的，林总认为自己是善意的提醒；而张国则认为林总是看不起他。

原因 3：行为风格冲突

最典型的行为风格冲突莫过于出国旅游的中国人与外国人在行事风格上的冲突。比如，中国人喜欢大声喧哗，喜欢聚堆，女性之间喜欢挎着胳膊走路，等等。行为风格与文化、个性特质等有很大关系。比如，我最害怕的是到亲戚家做客的时候，年长的亲戚用自己的筷子为我夹菜；我也很不习惯对方用筷子在盘子里翻来翻去挑菜吃。行为风格的冲突在我们生活中还有很多。

原因 4：利益冲突

相比较而言，利益冲突是一种最明显的冲突。只有一个人能被提拔为领导，有三个人参与竞争，会有冲突；采购项目只有一家能够中标，也会有冲突；只有少数人能被评为先进，也会有冲突。

所以，要想解决冲突，首先要认识冲突，找到冲突发生的原因。

10.2 面对冲突，第一句话怎么说

情境

工艺部设计了新的产品工艺，生产车间做出样品之后，工艺部主管朱平到车间去检查样品。朱平一看到样品就很生气，对车间技术员小梁说："你看你们这个样品做的，没看懂图纸吗？做的是个什么东西啊！"小梁也很生气，说："我们在生产的时候，好几次让你们过来看看，你们都不过来，现在做错了，你们就指责我们。你们尽责了吗？"朱平说："我们怎么没尽责啊……"两个人吵了起来。

情境分析

一言不合就引发冲突的事，在工作和生活中都很常见。朱平的话说得不好听，小梁的话也带着情绪，怎么能让冲突的强度降低呢？

冲突并不能完全避免，但我们可以采取合适的方式让冲突的强度降到最低，让冲突的破坏力变得最小。

就像两个人见面首因效应决定了第一印象一样，冲突中的第一句话也非常重要，这句话往往决定了冲突的走向和强度。

如果你的第一句话能够让对方接受，大家就可以心平气和地坐在一起探讨解决方案；如果你的第一句话没有说对，冲突很可能升级。所以，**处理冲突，一定要说好第一句话。**

降低冲突强度的两个金句

第一个金句：永远承认对方是对的

很多人会觉得明明对方错了，你怎么还让我承认对方是正确的呢？正确和错误都是相对的，从你的角度看，你的观点是正确的；从他的角度看，他的观点也是正确的。所以，你可以在一定程度上承认对方是正确的："从你的角度看，你的观点没有错"；或者"从某种意义上讲，你的话有道理"。

第二个金句：永远承认可能我错了

从对方的角度看，你就是错了，所以，你可以站在对方的角度，承认自己是错的。当然，并不是让你真承认自己是错的，说的时候要有艺术性，可以这样说："从你的角度看，我是错的。"

这两个金句的作用就是能够让你的情绪平复下来。因为我们发现，很多时候，冲突是情绪的冲突，而且为了维护面子，明知道自己的观点可能站不住脚，也会不断为自己辩解，于是冲突就不断升级，很难获得解决。如果第一句话就承认他是对的，你可能是错的，他怎么会和你辩解呢？

小张抱怨："你们财务部工作太慢了，报销这么费劲。"

财务人员："你说得对，财务工作比较严谨，得领导一层一层批，所以速度上不来。"或者说："这确实是流程的原因，报销得领导一层一层批，所以速度上不来。"

当财务人员这么说的时候，小张会反驳吗？当然不会。当你说"你说得对"的时候，没有人会说"我说得不对"。当承认"这的确是流程的原因"的时候，你其实是艺术性地说"我错了"，对方也不会再次否定你。

所以，为了避免冲突升级，我们不妨放下所谓的面子和自尊，艺术性地说"对方是对的"或"自己是错的"。

避免冲突发生的黄金法则：牢记目标

怎么心平气和地说出这两个金句呢？掌握避免冲突的黄金法则。

当身处冲突的时候，我们常常因为屈辱、愤怒而忘记了自己的目标，会跟随情绪的带领，偏离原来的轨道。就像开篇的例子中，无论是工艺部主管朱平还是技术员小梁，他们沟通的真正目标是什么？是生产出合格的样品。他们最后争论的是什么？是谁应该为样品出错承担责任。无论他们的争论多么激烈，无论最后谁取得了胜利，他们都已经偏离了原来的目标和轨道。也就是说，他们都只为自己的面子和情绪负责，而没有为真正的目标负责。如果他们当中有一方表现出为目标负责，他们对话的质量都会大幅度提高。

所以，当冲突即将发生的时候，当你的情绪已经一触即发的时候，你要想一想自己的目标是什么。是显示自己正确吗？是打败对方吗？都不是。无论是工作中的冲突还是生活中的冲突，你们一定有一个共同的目标。当牢记这个目标的时候，你才可能心平气和地说出那两个金句。

在我们开篇的例子中，面对朱平的指责，如果小梁能够紧盯目标——生产出合格的样品，他就不会急于辩护和推卸责任，而是会问："从工艺的角度看，到底哪里有问题呢？"这样，对话就会在应该的、正确的轨道上。

所以，当冲突即将发生的时候，为了避免冲突升级，你一定要牢记目标。

10.3 对方的情绪非常激烈，怎么办

情境

企划部开展促销活动需要一些赠品，经理派肖锋到商品部去协调一些赠品。企划部向商品部要赠品做活动是多年来的惯例，一般商品部都会配合，因此肖锋也没太当回事儿。到了商品部，肖锋看到主管林涵在，就和林涵说："我们这次十一促销活动，需要 100 份赠品，你们看看能帮我们协调点儿什么赠品。"林涵看也不看肖锋，说："上次给你们的赠品，你们都赠送给谁啦？我没看到对商品销售有什么帮助。"肖锋听了这话很生气，于是说道："我们都是按照规定赠送的，哪里不对了？"林涵说："哪里不对？你们自己知道。还用我说吗？你看看你们哪次促销活动成功啦？就知道和我们要赠品，我们的赠品是大风刮来的……"肖锋被林涵给弄糊涂了，不知道对方哪来这么大的火气。

情境分析

在这番对话中，我们听到了冲突，也听出了情绪。双方都处在情绪当中，而这情绪看起来又有点莫名其妙，情绪真的莫名奇妙吗？当然不是，情绪一定是有原因的，而且如果没有情绪的参与，冲突就不会那么激烈。

在冲突中，一方或双方有情绪，并且情绪非常激烈是很常见的。这种情绪就像熊熊燃烧的火山，非常炙热，有时会烫伤对方或自己。

每种情绪的背后都有未得到满足的需要

在冲突中，我们很多时候看见的都是对方的行为，听见的是对方的声音，如扭曲的脸、愤怒的双眼、挥舞的双臂、高亢的咆哮，并由此判断对方的情绪发生了特别大的变化。但是，我们往往看不到这些行为背后的需要，也就是引发情绪的源头。

其实每种情绪的背后都有未得到满足的需要，这些未被满足的需要激发了愤怒。例如，你在单位工作了一天，很烦，回到家里，爱人没有做饭却还在看电视，孩子一看见你回来就让你陪着玩。你的情绪是什么样子的？你会更加烦躁，对爱人发脾气，推开扑上来的孩子。但如果你今天的心情很好，回到家里，还是同样的场景，你的表现又是什么样子的？可能有一点儿小抱怨，但还是很乐意去厨房做饭。同样的场景，为什么一个发脾气，一个不发脾气呢？因为在你很烦的时候，你的情绪背后是有需要的，需要被理解、被安慰、被照顾。所以，无论是你发了脾气还是对方发了脾气，你要知道发脾气背后一定有未被满足的需要。

找到情绪背后的需要

如果你希望化解冲突，就要找到情绪背后的需要，让需要显现出来。怎么找到情绪背后的需要？遵循四个步骤，如图 10-1 所示。

图 10-1 找到积极、正向需要的四个步骤

第一步：深度倾听

深度倾听不是仅仅听到对方语言中的信息，而是听到对方内在的声音。

假如一个朋友买了一条丝巾，你觉得和她的衣服不配。她问你怎么样？你说："和你的衣服不搭啊！"对方听了是不是开心呢？当然不开心。因为她的需要没有被满足。她的需要是什么呢？她的需要是受到鼓励和赞美。

上例中，林涵说："哪里不对？你们自己知道。还用我说吗？你看看你们哪次促销活动成功啦？就知道和我们要赠品，我们的赠品是大风刮来的……"当他说这段话的时候，你听出他的需要了吗？他的需要是不给赠品吗？不是。我们仔细分辨，会发现，他真正的需要是成功促进销售的促销活动，而不是不给赠品。

第二步：找到积极、正向的需要

我们在倾听对方需要的时候，很多时候听到的都是负面的词汇。比如，一个人对同事说："你别在办公室吸烟了。"他的需要并不是对方不在办公室吸烟，而是需要一个无烟的办公环境。

刻意练习

顾客和你抱怨："你们介绍产品的时候，说这也好那也好，我回去用了，完全不是那么回事儿。你看，我用了你们的化妆品，脸还是干干的，这都起皮了，而且皮肤的弹性也没有原来好了。这么贵，还没有我原来用过的精华素好。"

在这段话中你听到的都是抱怨，这些抱怨背后的需要是什么？记住需要一定是正向的。

如果你的倾听技巧足够好，你会听出她的需要是希望购买到保湿效果好、祛皱效果好的产品，这才是她的正向需要。

第三步：让语言或行为停下来

当冲突进行时，我们的大脑处于一片混沌之中，常常会只关注自己的情绪，而忽略自己和对方的需要，这时候，如果你能够敏锐地意识到自己呼吸急促、拳头握紧、声音抬高等一系列情绪变化，请把你的语言和行为停下来。问问自己："我的需要是什么？他的需要是什么？我们是在解决问题还是在发泄情绪？"这样的停顿会让你冷静下来，寻找解决问题的办法，而不是一直争吵下去。

第四步：满足积极、正向的需要

当我们听出了情绪背后的需要时，可以想办法满足需要。当然，我们说的满足需要并不一定是即时满足。有的需要可以马上满足，有的需要我们只是与之探讨，共同找到办法，就能降低冲突的强度。在上例中，林涵需要的是成功促进销售的促销活动，那肖锋就可以与之探讨这个问题。对话可以是这样的。

肖锋："林主管，你对以往的促销不是很满意，是吗？"（感受）

林主管没说话。

肖锋："上次促销活动什么地方令你不太满意呢？"（事实）

林主管："上次促销根本就没有达到提升业绩 5%的目标，促销品的发放控制得不严格。"

肖锋："我听出来你是希望有一次成功促进销售的促销活动，那你对这次的促销活动有什么想法吗？"（需要+请求）

林主管："我觉得……"

这个对话虽然很简单，但是按照询问感受、事实、需要和请求的方法来进行的。你也可以在谈话中尝试这种方法。

10.4 冲突之后怎么收场

情境

员工范宏和刘明鑫因为工作上的事发生了争执，双方都认为自己有理，谁也不愿意让步，结果就僵在了那里。范宏在走廊看见刘明鑫本来想过去打个招呼，结果看到刘明鑫把脸扭了过去，假装没看见他。范宏心里就更不高兴了，也就不再和刘明鑫打招呼。需要找刘明鑫协调事情的时候，范宏就委托部门里的其他同事去协调。范宏和刘明鑫都觉得这样很别扭，大家在一起工作，低头不见抬头见，老是这么僵着也不行，怎么办?

情境分析

冲突发生了，不处理是不是冲突的伤害就消失了呢？当然不是，一次冲突的效力是如此之长，以至于很多年之后那种伤害还存在。

工作中的冲突总是在所难免，有时候我们控制不住情绪，有时候我们的技巧不够，冲突就是发生了，怎么办？冲突的处理不是一蹴而就的，需要时间、方法来消除冲突带来的影响，实现冲突的积极意义。

俗话说“编筐编篓全在收口”。冲突已然发生，如泼出去的水收不回来了，但我们可以在冲突之后做好收尾工作，把冲突的损失降到最低。

职场冲突造成的三大损失

损失 1：影响个人形象

冲突其实是一件两败俱伤的事，无论谁有理，都会对个人形象造成影响。大家会认为你处理冲突的能力不足，会认为你的涵养不够，总之会给你贴上一些负面的标签。

损失 2：破坏人际关系

冲突最大的损失是对人际关系的破坏，就像打破了一个杯子，无论多么好的黏合技术都会不可避免地留下痕迹。而且在冲突中，为了占语言上的上风，冲突双方往往口不择言，说一些过分的话，这些都使得两个人的关系变得疏远，如果你碰巧遇到一个记仇的人，那么还会影响以后的合作。

损失 3：损害组织风气

个人之间的冲突和矛盾如果不能得到妥善的处理，就会变成私人恩怨，最后会体现在工作中。就像我们案例中的范宏和刘明鑫，因为一次冲突使得双方在工作中的配合别别扭扭，正常的工作秩序受到影响，如果不加以控制，最后还会影响整个组织的氛围和工作风气。

冲突之后收场的基本原则（见图 10-2）

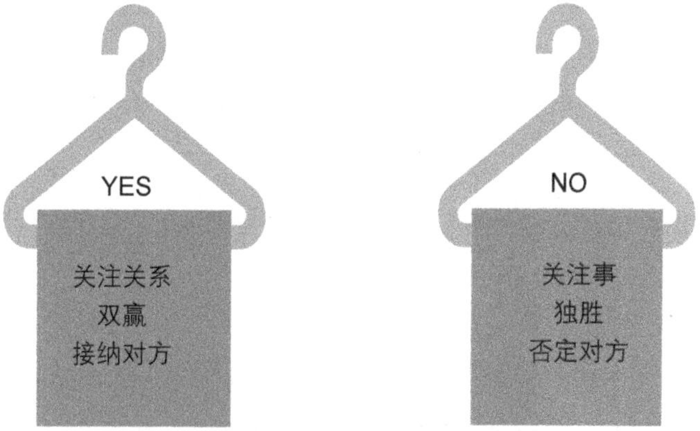

图 10-2　冲突之后收场的基本原则

原则 1：关注关系而不是关注事

在冲突中，我们总是纠结于对方的对错，纠结于事情的对错。其实冲突已然发生，我们应该更多着眼于未来，着眼于建立新的关系，所以不要盯着事情的对错不放，而要为重建关系做一些努力。

原则 2：要双赢而不是独胜

很多冲突愈演愈烈是因为冲突中的人都想占上风，都想一个人胜利，而让对方失败，以证明自己是正确的，这样对冲突的处理完全没有益处。能够让冲突的破坏性最小化的方法就是达到双赢的结果，要照顾到双方的面子和利益。

原则 3：接纳对方而不是否定对方

冲突发生之后，我们会习惯性地指责对方的做法有问题、沟通方式有问题，语气语调有问题，急于摆脱自己的责任，而把所有的责任都推在对方身上，这其实是对自我责任的一种逃避。如果我们换位思考会发现，每个人有自己的角度、立场、利益，从他的角度看，也许他的选择也是在当时情境下能够做出的最好选择，所以不妨从对方的角度重新审视这个问题，尝试接纳对方。

冲突之后的处理技巧

技巧 1.：放低姿态，主动联络

冲突虽然发生了，但大家的工作关系还要继续，这时候要从大局出发，放低自己的姿态，主动和对方进行联络沟通，不管自己是不是有理，都可以主动认错。至少可以这样讲："我那天情绪有点激动，你别在意啊！"你会发现，当你主动认错的时候，对方也会检讨自己的问题。

技巧 2：不提旧事，一如既往

这种技巧就是不再提起过去的冲突，大家就像这件事情没有发生一样，既可以避免尴尬，也可以让冲突的影响随着时间流逝。

技巧 3：借力使力，重修于好

可以借助第三方的力量，如请同事、领导从中做调节，也可以借助一起吃饭的机会互相敬一杯酒，一笑泯恩仇。

总之，冤家宜解不宜结，职场中的冲突是关系重建的机会，要好好把握。

参考文献

[1] 桑德拉·黑贝尔斯，理查德·威沃尔二世. 有效沟通（第2版）[M]. 李业昆，何辉，译. 北京：华夏出版社，2003.

[2] 孙路弘. 说话就是生产力[M]. 厦门：鹭江出版社，2010.

[3] 下地宽也. 逻辑思维，只要五步[M]. 朱荟，译. 北京：企业管理出版社，2014.

[4] 芭芭拉·明托. 金字塔原理[M]. 汪洱，高愉，译. 海口：南海出版公司，2013.

[5] 玛丽莲·阿特金森，蕾·切尔斯. 被赋能的高效对话[M]. 杨兰，译. 北京：华夏出版社，2015.

[6] 阿川佑和子. 倾听的力量[M]. 于华，译. 南京：江苏文艺出版社，2014.

[7] 托尼·斯托茨福斯. 提问的威力：教练问题全清单[M]. 赵学敏，译. 北京：华夏出版社，2014.

[8] 康凯. 职业效能心理学[M]. 北京：知识产权出版社，2014.

[9] 艾伦·加纳. 谈话的力量[M]. 林华，等，译. 北京：中国水利水电出版社，2004.

[10] 露易丝·海. 肯定：我是美好的[M]. 宋馨蓉，译. 北京：中国广播电视出版社，2012.

[11] 戴维·迈尔斯. 社会心理学[M]. 张智勇，乐国安，侯玉波，等，译. 北京：人民邮电出版社，2006.

[12] 吉田幸弘. 不懂说话，你怎么带团队[M]. 程亮，译. 北京：北京联合出版公司，2016.

[13] 斯蒂芬·P. 罗宾斯，蒂莫西·A. 贾奇. 组织行为学（第14版）[M]. 孙健敏，李原，黄小勇，译. 北京：中国人民大学出版社，2012.

[14] 罗伯特·西奥迪尼. 影响力[M]. 闾佳，译. 沈阳：万卷出版公司，2010.

[15] 科里·帕特森，约瑟夫·格雷尼，罗恩·麦克米兰，艾尔·史威茨勒. 关键对话[M]. 孙芳，译. 北京：机械工业出版社，2012.